Matthias Röhe

Der Landarzt-
Fotograf

Einblicke in die Dreharbeiten
der TV-Arztserie „Der Landarzt"

- Berichte - Fotos

„... und Action!
Schleswig-Holstein
in Film und Fernsehen

Foto: Matthias Röhe

Der Schleswiger Kai Labrenz besucht regelmäßig Dreharbeiten in Schleswig-Holstein. In den Jahren 1992 bis 2007 war er bei den Filmarbeiten für die Arztserie „Der Landarzt" unter anderem in Lindaunis, Kappeln, Wagersrott, Schleswig, Gelting und Maasholm. Seine schönsten Fotos und die Anlässe in Form von Artikeln lesen Sie auf den folgenden Seiten diesen Buches.

Bibliografische Information der Deutschen Nationalbibliothek: Die Deutsche Nationalbibliothek verzeichnet das Buch „Der Landarztfotograf" in der Deutschen Nationalbibliothek; detaillierte bibliografische Daten sind im Internet über http://dnb.d-nb.de abrufbar.

Matthias Röhe

Der Landarztfotograf

Einblicke in die Dreharbeiten der TV-Arztserie „Der Landarzt"

Foto: Matthias Röhe

Herstellung und Verlag: BoD – Books on Demand, Norderstedt
Gedruckt in Deutschland / Printed in Germany
ISBN-13: 978-3-7347-5528-6

Inhalt

Fotos (2): Privat / Archiv Labrenz

Vorwort von Fotograf Kai Labrenz

Nun halten Sie das Buch in ihren Händen, um zu erfahren, wie das Leben als Fotograf beim Landarzt war. Das war wie ein Sechser im Lotto. Direkt „vor der Haustür" wurde der Landarzt – hier an der Schlei – aufgenommen. Für mich als Fotograf die Gelegenheit einmal in der Filmwelt zu schnuppern. Daraus wurden 15 Jahre. Eine Zeit, die ich in der Traumfabrik Film nicht missen möchte. Es waren die schönsten Jahre in meiner bisherigen fotografischen Laufbahn. Besondere Erlebnisse während der Dreharbeiten bereicherten die Termine am Filmset. Schauspielerin Eva Maria Bauer hatte mal einen Versprecher: statt Eckholm, sagte sie Engholm, sodass die Szene neu aufgenommen werden musste. Ich erinner Gespräche mit dem Regisseur Klaus Gendries zum Beispiel über Theodor Storm. Auch denke ich gerne ans Äpfelschälen nach Drehschluss mit Schauspielerin Janina Hartwig (heute „Schwester Hanna" als Leiterin eines Klosters in „Um Himmels Willen"). In der Folge „Traumprinz" spielte Wayne Carpendale (Sohn von Howard Carpendale) eine Gastrolle. Vor der Landarztpraxis sollte er mit Schauspielerin Luise Bähr eine Kussszene aufnehmen. Die ganze Filmcrew nahm die Szene von der Eingangstreppe auf. Wir saßen alle am Treppeneingang im Lindauhof, als ich zum Regisseur Hans Werner ganz leise erzählte „und im Radio läuft `Ti Amo` mit Howard Carpendale". Alle fingen an zu lachen. Natürlich ließen wir auch unsere Fantasie in der Filmwelt spinnen. Das sind nur ein paar Ereignisse, an die ich mich gern erinnere. Noch heute schwelgen wir beim Wiedersehen in Erinnerungen an die schöne Zeit.
Ich wünsche Ihnen nun viel Freude beim Lesen des Buches.

Kai Labrenz (Januar 2015)

Regisseur Manfred Mosblech (links mit der Filmklappe in der Hand) und Landarzt Walter Plathe auf dem Gut Lindauhof.

Die besondere Beziehung zum Landarzt

Fotograf Kai Labrenz verbindet zur Arztserie „Der Landarzt" eine ganz besondere Beziehung. Während seiner Ausbildung zum Bauzeichner im nordfriesischen Husum (Schleswig-Holstein) entdeckte er sein Hobby zur Fotografie. Zückte er anfangs seine Kamera nur für persönliche Urlaubserinnerungen und Fotos fürs eigene Familienalbum, entwickelte sich schon bald aus der Leidenschaft eine wahre Berufung, ein schönes Hobby.

Es folgten fachbezogene Architekturfotografien und Abbildungen für Kalender, sowie diverse Zeitungen und Zeitschriften. Seit April 1993 ist Kai Labrenz freier Fotojournalist beim Schleswiger Wochenblatt „Moin Moin". Am 10. Februar 1987 hat er sich gemeinsam mit seinem Vater Karl-Heinz Labrenz den Pilotfilm der ZDF-Serie „Der Landarzt" angesehen. „Während der Ausstrahlung erzählte er mir Geschichten aus seiner Kindheit. Da unten im Keller hat sich mein Vater immer versteckt", erzählt Kai Labrenz. Es war der Kellerniedergang im Gut Lindauhof, unweit von Papenfeld, dem Ort, wo Familie Labrenz bis 1968 wohnte. Der Ort Papenfeld liegt nur wenige Kilometer vom Gut Lindauhof entfernt. Karl-Heinz Labrenz gab seinem Sohn den Rat, er solle sich die Landarzt-Folgen auf VHS-Kassetten aufnehmen. 1987 besaß Kai Labrenz noch keinen Fernseher geschweige Videocassentenrecorder. „Als wolle er mir damit etwas mitteilen", mutmaßt Kai Labrenz. Nach dem schmerzlichen Verlust seiner Mutter im Jahr 1985 verstarb drei Monate nach dem Pilotfilm im Mai 1987 auch sein Vater. „Damals war es für mich noch nicht an der Zeit, dass ich einmal als der Landarztfotograf in die Mediengeschichte eingehen werde. Das sollte sich erst fünf Jahre später ereignen", sagt Kai Labrenz. In der Tagespresse war zu lesen, dass der Schleswig-Holsteinische Ministerpräsident Björn Engholm den fiktiven Ort Deekelsen – konkret die Landarztpraxis in Lindauhof – besuchen wird.

„Ich meldete mich bei der Hamburger Pressestelle des Zweiten Deutschen Fernsehen als Fotograf an und bekam eine Zusage". erinnert sich der Schleswiger. Am 4. August 1992 kam der Ministerpräsident dann auch tatsächlich nach Lindaunis. Das war der Beginn seiner Filmfotografie.

„Es war wie ein Sprung ins kalte Wasser", sagt Labrenz und erklärt: „Ich war umgeben von der Weltpresse wie DPA, Reuters, Stern, Focus und zahlreichen Lokaljournalisten aus ganz Schleswig-Holstein." Zudem seien dort Kamerateams von verschiedenen Fernsehsendern präsent gewesen. Labrenz machte seine Bilder, schrieb ein paar Zeilen über seine Erlebnisse und schickte Text und Fotos zur Redaktion der Wochenzeitung „Moin Moin". Ein paar Tage später sah er sein Foto samt kurzem Text – im Fachjargon heißt so etwas verlängerte Bildunterschrift – in der gedruckten Ausgabe. Der Grundstein für seine fotografische Tätigkeit im Filmwesen war damit gelegt.

Bis 2007 konnte er, teilweise auch als einziger Fotograf, die Dreharbeiten am Filmset regelmäßig begleiten. Es öffneten sich nach Angaben von Kai Labrenz dadurch auch viele Türen für andere Filmproduktionen, die er in Schleswig-

Holstein fotografieren durfte. Der Landarzt hat seine Praxis seit 2012 (da waren die letzten Dreharbeiten) geschlossen. Im Lindauhof, in dem die Praxis des Landarztes während der Filmarbeiten eingerichtet war, werden aktuell statt Spritzen und Medikamente Kaffee und Kuchen verteilt. Aber Atmosphäre der Serie kann dort noch heute erlebt werden, schließlich werden im Rittersaal einige der besten Landarztfotos von Kai Labrenz ausgestellt – im Rahmen einer Dauerausstellung. „Für mich ist die Serie auch Heimat, hier bin ich Zuhause", sagt Labrenz. Mittlerweile hätten sich die Pressetermine bei Dreharbeiten drastisch verändert. „Hatte man früher einen ganzen Tag Zeit für die Presse, werden die Termine heute innerhalb von 30 Minuten abgehalten", moniert Kai Labrenz und ergänzt: „Heute werden generell nur noch wenige Presse- und Fototermine angeboten und dann auch nur noch in der Mittagspause." Fotograf Labrenz sieht darin ein großes Problem. Es gehe um die Pressefreiheit, die immer weniger Beachtung fände. Offiziell sei die Begründung, dass die Drehtage im Allgemeinen weniger geworden sind und das sich das Drehteam immer öfter im Verzug befände. Wurden früher für einen 90 Minuten Film 28 Drehtage benötigt, sind es heute nur noch 21.

Folglich hätten die Produktionen weniger Zeit für die Presse. Erschwerend aus Sicht von Kai Labrenz sei zudem „das Problem" mit dem sogenannten Stand- oder Set-Fotografen. Dieser Fotograf macht seine Bilder im Auftrag der Filmproduktion. Sie wiederum bieten die Bilder dann kostenfrei der berichterstateten Presse an. „Das ist auch OK so, nur haben an den Presseterminen die Standfotografen nichts zu suchen. Das ist für die freien Pressefotografen ein Schlag ins Gesicht, die von den Fotos schließlich leben müssen", sagt Labrenz. Zwar habe er ein festes Standbein als Bauzeichner in einem Architekturbüro in Schleswig, aber dennoch sei es immer ein schönes Zubrot, wenn er Texte und Fotos an Zeitungen verkauft. Ein Zeitungsverlag überlege sich, gerade in wirtschaftlich schwierigen Zeiten, eher zunehmend immer sehr gründlich, ob ein kostenpflichtiges Foto eines freien Fotografen oder stattdessen ein honorarfreies Bild einer Filmproduktionsfirma oder adäquat eines Fernsehsenders gedruckt werde. Kai Labrenz vermutet: „Freie Fotografen bieten ihre Bilder überwiegend über Agenturen an Zeitschriften, Zeitungen und Buchverlage an. Nun haben sich allerdings einige Sendeanstalten eine Einnahmequelle geschaffen, wenn es beispielsweise um Bücher geht. Wenn ein Autor ein Foto für eine Buchveröffentlichung haben möchte, muss er dafür teuer bezahlen. Zwischen 300 und 500 Euro pro Foto sind da keine Seltenheit", sagt Labrenz aus eigener Erfahrung. Aber er sieht es gelassen: Natürlich ist das Fotografieren neben meinen Beruf als Bauzeichner in einem Schleswiger Architekturbüro meine große Leidenschaft. Ich nehme, wenn es die Zeit möglich macht, die eine oder andere Einladung zum Fototermin am Set einer aktuellen Dreharbeit an.

„Ich wurde gefragt, ob ich es überwunden habe, dass es die Landarzt-Serie nicht mehr gibt", erläutert Labrenz und gibt darauf eine klare Antwort: „Ich habe es sehr gut verarbeitet. Ja, es gibt ein Leben nach dem Landarzt. Ich bin jetzt öfter als Pressefotograf beim Kieler Tatort oder anderen Produktionen."

Rückblickend sagt der Schleswiger Fotograf: „Meine beste Zeit war die Zeit als Walter Plathe den Landarzt spielte. Mit ihm pflegte ich eine freunschaftliche Beziehung und vorallem war er menschlich und umgänglich." Während der Dreharbeiten mit Walter Plathe lernte er den Kanadischen Kameramann Mike Gast kennen, der ihm viele Fototricks beibrachte, die er noch heute anwende. Nachfolger von Plathe wurde der Sohn von Howard Carpendale, Wayne Carpendale. „Hier war es nicht mehr möglich, regelmäßig am Set sein zu dürfen. Ob es eine Vorgabe von der Produktion, vom ZDF oder auch des Hauptdarstellers selbst war, ist alles spekulativ. Aber Fakt ist, dass zusätzliche Fotografen nicht erwünscht waren."

Kai Labrenz hat, wie alle anderen Pressefotografen und Journalisten, nur noch die einmal im Jahr stattgefundenen PR-Termine wahr genommen – und einen Fototermin an einem der letzten Drehtage im Jahr 2012 (Seite 97). Mit einigen Menschen aus der Filmcrew hinter der Kamera und Komparsen habe Labrenz noch heute Kontakt.

Kai Labrenz (links) und Schauspieler
Walter Plathe im Jahr 1995.

Foto: Privat / Archiv Labrenz

Der erste Fototermin mit Björn Engholm

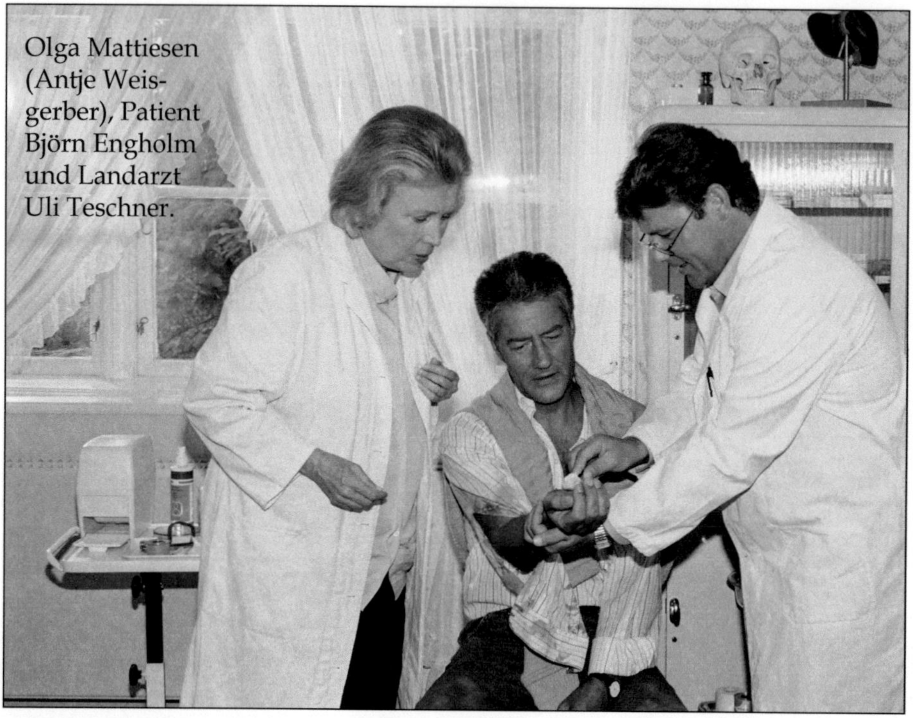

Olga Mattiesen (Antje Weisgerber), Patient Björn Engholm und Landarzt Uli Teschner.

Ministerpräsident Björn Engholm machte am 4. August 1992 eine Fahrradtour durch Deekelsen. Der Landesvater stürzte vom Rad und erlitt einige Schürfwunden. Mit letzter Kraft schaffte er es noch zur Praxis von Landarzt Dr. Teschner und ließ sich dort den rechten Unterarm verbinden. Der Doktor befragte in der Praxis Engholm, wann er denn seine letzte Tetanusspritze bekommen hätte. Engholm erzählte, dass es noch in seiner Jusozeit gewesen sein müsste. „Das ist ja schon ´ne Weile her", erwiderte Landarzt Uli Teschner.

Olga Mattiesen machte dann eine Tetanusspritze fertig. Der Gesichtsausdruck von Björn Engholm ließ ahnen, wie ihm zumute war und meinte nur: „Wat mut, dat mut!".

Der erste Arbeitsausweis, den Kai Labrenz von der Pressestelle des ZDF für den Drehtag am 4. August 1992 in Lindaunis ausgehändigt bekam.

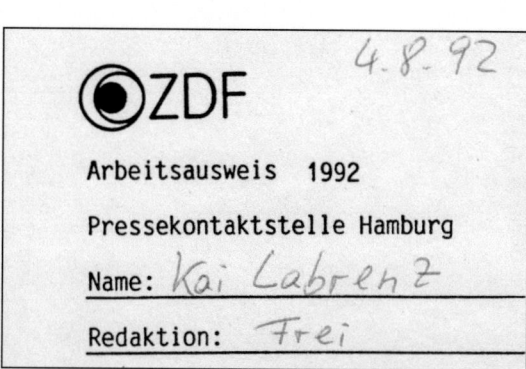

⊙ZDF   4.8.92

Arbeitsausweis 1992

Pressekontaktstelle Hamburg

Name: *Kai Labrenz*

Redaktion: *Frei*

Kai Labrenz war 130 Mal als Fotograf bei den Dreharbeiten für „Der Landarzt".
Auf Seite 95 verrät der gelernte Bauzeichner, welches sein schönstes Foto ist,
das er am Set gemacht und warum er es für das schönste Bild hält. Auf Seite 96
ist es abgebildet.
Auf den nun folgenden Seiten sind zum Teil noch nie veröffentlichte Fotos von
den Dreharbeiten der Arztserie „Der Landarzt" zu sehen. Zudem sind sämtliche Artikel veröffentlicht, die Kai Labrenz im Rahmen seiner Tätigkeit als freier Journalist in anderen Medien publiziert hat. Es zeigt einen kleinen Streifzug
des Landarztfotografen Kai Labrenz von 1992 bis 2007.

Hauptdarsteller der Serie „Der Landarzt", Walter Plathe und der damalige Ministerpräsident Björn Engholm im Eingangsbereich der Praxis in Deekelsen.

Foto: Matthias Röhe

Landarztgeschichten mit Fotonachlese

Doppeljubiläum beim „Landarzt"

Kappeln. Mit der Schwarzwaldklinik im ZDF begann 1985 der Ärzteboom im Fernsehen. Seitdem gibt es eine große Anzahl von Arzt- und Krankenhausserien. Es könnte damit ohne weiteres ein eigener Fernsehkanal gefüllt werden.

Nur wenige Arztserien aus jener Zeit sind heute noch auf dem Bildschirm zu sehen. Dazu gehört auch die Serie „Der Landarzt", die trotz zahlreicher Arztserien auch in der Wiederholung immer noch ein Publikumsrenner ist – was die Marktanteile und Quoten zeigen.

Seit Ausstrahlung des Pilotfilms und den ersten 13 Folgen im Jahre 1987 hat sich „Der Landarzt" zu einer der erfolgreichsten Arztserien in der deutschen TV- Landschaft entwickelt.

Am 28. April 1986 fiel auf dem Gut Lindauhof die erste Filmklappe für die damals neue Serie aus der Feder von Herbert Lichtenfeld. Für die ersten 61 Folgen schrieb er die Landarztgeschichten.

2001 gab es keine Dreharbeiten für die Schwarzwaldklinik, aber für den Landarzt. Das war für die Terranova Film- und Fernsehproduktion, Otto Meissner KG Anlass genug, ein Jubiläum zu Feiern. Den ersten Landarzt verkörperte der Schauspieler Christian Quadflieg in der Rolle von Dr. Karsten Mattiesen.

Nach seinem tragischen Filmtod übernahm am 26. April 1991 Schauspieler Walter Plathe die Hauptrolle als Dr. Ulrich Teschner im fiktiven Filmort Deekelsen.

Das heißt: 15 Jahre „Der Landarzt" und zehn Jahre Walter Plathe in der Rolle von Dr. Teschner – zwei gute Gründe dieses Doppeljubiläum zu Feiern. Im Laufe seiner zehnjährigen Tätigkeit als Dr. Ulrich Teschner erwarb sich der Berliner Schauspieler Walter Plathe viele Sympathien; nicht nur in Deekelsen, sondern auch in Kappeln genießt er hohes Ansehen. Immerhin hat Schauspieler Walter Plathe den Landarztfonds ins Leben gerufen. Ganz Deekelsen war am 28. April 2001 gekommen um das Ereignis im Hotel „Stadt Kappeln" in Kappeln gebührend zu Feiern. Alle waren sie gekommen, Fans, das ganze Landarztteam...

...Tontechniker, Kameramann, Beleuchter, Requisiteur, Maske, Produktionsleiter und der Produzent Otto Meisner war eigens aus Berlin angereist, um an der Feier teilzunehmen. Natürlich ließen es sich die Schauspieler nicht nehmen, ebenfalls bei dieser Jubiläumsfeier selbst anwesend zu sein.

Auch nach 15 Jahren, zwei Pilotfolgen und 136 Folgen (nach Beendigung der Dreharbeiten) zählt „Der Landarzt" immer noch zu den beliebtesten Serien auf unserem Bildschirm.

Darüber freuen sich nicht nur die Kappelner Bürger sehr. Denn Deekelsen ist nicht nur in Kappeln zu finden sondern in der ganzen Landschaftsregion Angeln (ab Seite 86).

Das Team könnte sich vorstellen im Jahr 2003 weitere 13 Landarztgeschichten zu je 45 Minuten auf Zelluloid festzuhalten. Nachdem bereits im Jahr 2000 weitere 15 Folgen gedreht wurden, laufen noch bis Ende Juli die Dreharbeiten für elf weitere Folgen, die wir ab Herbst 2001 im Fernsehen zu sehen bekommen werden.

Kappeln, 2001

Antje Weisgerber (als Olga Mattiesen), Katharina Lehmann (als Kerstin Mattiesen, später Kuss) und Patrick Winczewski (spielt Uwe Kuss) im Garten der Landarztpraxis.

Dreharbeiten an der Schlei mit Gert Haucke als Bruno Hanusch (neben der Kamera) und Eva-Maria Bauer als Klatschtante Sellmann (sitzend).

Vater und Sohn in der Serie: Walter Plathe (links) und Till Demtrøder.

26 neue Landarzt-Sprechstunden im Fernsehen

Lindaunis. Auf dem Lindauhof ist es wieder ruhiger geworden. Die Scheinwerfer sind ausgeschaltet, die Landarztpraxis in Deekelsen hat bis auf weiteres ihre Türen geschlossen.

Die Filmcrew der Terranowa Film- und Fernsehproduktion Otto Meisner KG mit Hauptsitz in Berlin hat die Schleiregion verlassen. Unter der Regie von Klaus Gendries und Sabine Landgraeber entstanden in 13monatiger Drehzeit 26 neue Folgen für den Landarzt.

In Berlin wurde das aufgenommene Filmmaterial noch fernsehgerecht nachbearbeitet, damit sich der Zuschauer auf die neuen Landarzt-Geschichten freuen kann. Am kommenden Freitag, den 7. September 2001 ist es soweit, das Fernsehen öffnet um 19.25 Uhr seine Landarztpraxis.

In den neuen Folgen werden viele Veränderungen zu sehen sein. Auf die Gute Seele vom Matthiesenhof müssen nicht nur die Zuschauer verzichten. Aus gesundheitlichen Gründen ist die Schauspielerin Anjte Weisgerber nicht mehr dabei. Sie wurde vom ganzen Landarztteam sehr vermisst.

Zum Inhalt: In Deekelsen muss das Leben ohne Olga Matthiesen weitergehen. Als Olga Matthiesen stirbt, ist das für die inzwischen weit verzweigte Familie Teschner ein schwerer Schlag. Um Olgas letzten Willen zu erfüllen, zieht Dr. Ulrich Teschner (Walter Plathe) mit seiner Jutta (Karina Thayenthal) ins Landarzthaus, denn da gehört ein Landarzt schließlich hin. Nicht immer gestaltet sich das Zusammenleben mit der Familie Kuss einfach. Besonders mit Kerstin gibt es Probleme. Sie verlässt schließlich Deekelsen, weil sie mit ihren Mann Uwe einfach nicht mehr zusammenleben kann. Jutta überrascht Uli Teschner mit der Nachricht, dass sie ein Baby erwarte. Und Baby Benjamin bleibt nicht allein, denn mit Juttas Nichte Jeanette gibt es bald auch wieder Halbwüchsige im Haus.

Pastor Eckholm (Heinz Reincke) entwickelt „Opa-Gefühle". Auch werden neue Gesichter in Deekelsen zu sehen sein. Die Stammtischrunde muss sich an den neuen Wirt, Van Hylsen (Frank Behnke) gewöhnen. Nach dem Weggang von Dr. Jens Kasperski (Timothy Peach) hat Uli Teschner noch mehr zutun und weniger Zeit für Jutta und dem Baby. Damit Jutta wieder arbeiten kann, engagiert sie ein Au-pair Mädchen aus Dänemark.

Es dauert auch nicht lange bis ein neuer Arzt zur Verstärkung in die Landarztpraxis kommt: Dr. Moritz Roßwein (Christian Schmidt), der Sohn von Teschners langjährigen Freund Prof Roßwein (Gerd Silberbauer), wird Kasperskis Nachfolger.

Es passiert einiges in Deekelsen beim Landarzt. Zu sehen ab dem 7. September 2001 um 19.25 Uhr. **Lindaunis, 2001**

Der Landarzt macht eine Winterpause

Lindaunis. In diesem Jahr war das Filmteam der Terranova Film- und Fernsehproduktion Otto Meissner KG aus Berlin wieder in Kappeln. Fürs Fernsehen wurden insgesamt 15 neue Folgen von „Der Landarzt" auf 16 Millimeter Film festgehalten.

Anfang April wurde mit den Dreharbeiten begonnen. In der letzten Woche wurde es noch dramatisch: Eine junge Frau fand durch einen Unfall – laut Drehbuch – einen tragischen Filmtod.

Die Stunts wurden von der Movie Action „Buff Connection" aus Altlandsberg bei Berlin ausgeführt. Für die Serien „Wolfs Revier", „Der Puma- ein Kämpfer mit Herz" und „Die Straßen von Berlin" haben sie auch einige Stunts gemacht. Die Bereitschaft des Deutschen Roten Kreuz Schleswig sorgte mit ihrem Rettungswagen für den nötigen Einsatz. Letzter Drehtag war auf dem Holländerhof in Waggerott, dort zeigten Schauspieler Walter Plathe, Gerhard Olschewski, Ulrike Mai, Regine Vergeen und Wolf-Dietrich Berg noch einmal ihren vollen Einsatz.

Jetzt sind alle 15 Folgen abgedreht und das Filmteam geht in den wohlverdienten Winterurlaub. Mitte März 2001 rücken sie wieder an, um 11 weitere Folgen zu Drehen. Die Einschaltquoten der 26 neuen Folgen entscheiden wie es dann weitergeht. Auch gibt es im kommenden Jahr gleich zwei Jubiläen zu feiern: Der Landarzt feiert dann sein 15jähriges bestehen (Seite 10) und Hauptdarsteller Walter Plathe spielt seit zehn Jahren die Rolle des beliebten unkonventionellen Dr. Ulrich Teschner, das sind doch zwei Anlässe zum Feiern. **Lindaunis, 2000**

Polizist Heitmann und Landarzt Uli Teschner können beim Unfall von Antje Aschenbach (Simone Heher) nur noch den Tod feststellen.

14

Neue Pastorin in der Kirchengemeinde Deekelsen

Kappeln. In der kleinen Schleistadt Kappeln und Umgebung laufen die Dreharbeiten für zwölf neue Folgen der TV-Serie „Der Landarzt" auf vollen Hochtouren. Noch bis Anfang November werden einige Szenen aus der Schleiregion auf 16 Millimeter für die Ewigkeit festgehalten. In der neuen Staffel gibt es viele neue Gesichter zu entdecken.

Zum Inhalt: Nach dem Tod von Pastor Engel (Jürgen Reuter) muss die verwaiste Pfarrstelle in Deekelsen neu besetzt werden.

Bis ein neuer Pastor oder Pastorin für die Gemeinde gefunden ist, muss Ex- Pastor Albert Eckholm (Heinz Reincke) wieder aktiv werden. Es dauert auch nicht lange bis sich eine junge Theologin um die Stelle der Pastorin bewirbt. Schauspielerin Claudine Wilde wird als Pastorin Renate Sabel in Deekelsen Einzug halten. Schon ihre erste Predigt erregt die Gemüter der Gemeinde. Während Eckholm ihr noch wohl gesonnen ist, lässt Berta (Gerda Gmelin) kein gutes Haar an der „Neuen". Sie kann sich (noch) nicht damit abfinden, dass nun eine junge Frau die Nachfolge von Engel angetreten hat. Passend dazu hat ihr das Drehbuch die Rolle einer modernen Unkonventionellen Theologin auf den Leib geschneidert, die dazu noch einen 13-jährigen unehelichen TV- Sohn in die Staffel mitbringt. Den Filmsohn David Sabel spielt der 14-jährige Philipp Freitag, der nicht zum ersten Mal vor der Kamera steht.

Seine attraktive Oma Marietheres Sabel (Karien Eickelbaum) macht zweifelsohne Eindruck auf Eckholm. Claudine Wilde wird mit der Rolle als Pastorin in der neuen Staffel einen bewussten Kontrapunkt zu ihrem Amtsvorgänger setzen. „Mich hat diese Rolle gereizt, weil ich so etwas noch nie gespielt habe, und das Publikum wird sich an mich gewöhnen müssen!", sagte Wilde amt Set. Als neue Pastorin von Deekelsen steht sie voll im Leben. Der Zuschauer darf gespannt sein auf die neue Rolle der Claudine Wilde beim Landarzt.

Kappeln, 2003

Pastorin Renate Sabel (Claudine Wilde) und ihre Kirchen-gemeinde in Deekel-sen...

16

Gerda Gmelin und Eva-Maria Bauer bei Dreharbeiten in der Polizeiwache von Deekelsen.

Heinz Reincke und Günter Junghans.

Erste Klappe für die neue Staffel

Lindaunis. Nach zwei Jahren Drehpause öffnet „Der Landarzt" in Deekelsen wieder seine Praxis. Seit dem 10. April 2000 dreht die Terranova Film- und Fernsehproduktion Otto Meissner KG in Kappeln und Umgebung erneut 26 weitere Folgen der Vorabendserie „Der Landarzt". Bis zum Herbst 2001 werden in der schönen Landschaft Angeln viele neue Landarztgeschichten über Freud und Leid im Bild festgehalten.

Für die zehnte und elfte Staffel konnte Star-Regisseur Klaus Gendries für die neuen Folgen gewonnen werden.

Wie wird es in den neuen Landarztgeschichten weitergehen: In Deekelsen muss das Leben ohne Olga Mattiesen weitergehen. Da Kerstin (Katharina Lehmann) sich als legitime Nachfolgerin ihrer Großmutter fühlt, jedoch oft mit ihren eigenen Problemen nicht fertig wird, sind Konflikte im Mattiesenhof vorprogrammiert. Uli Teschner (Walter Plathe) und sein junger Kollege Dr. Jens Kasperski (Timothy Peach) sind nicht nur mit ihren Patienten beschäftigt, sondern auch mit sonderbaren Diagnosen eines Kollegen, der sich bald als Hochstapler entlarvt.

Teschners Herzdame ist die Sprechstundenhilfe Jutta (Karina Thayenthal) und es sieht aus, als hätte der Landarzt nun endlich mit ihr die Frau fürs leben gefunden. Doch durch ihr ständiges berufliches Zusammensein droht ihr Privatleben zu ersticken.

Eines verbindet sie alle: die Sorge um Eckholm (Heinz Reincke), dem all die angebotene Fürsorge schnell zu viel wird und er sich dann immer mal wieder nach Mallorca zurückzieht.

Auch werden in den neuen Folgen viele bekannte Gesichter wie Hinnerksen (Gerhard Olschewski), Hanusch (Gert Haucke), seine Frau Barbara (Angelika Milster), Floriane (Victoria Sturm) u.v.m. zu sehen bekommen.

Auf eine große Schauspielerin müssen wir in den neuen Folgen leider verzichten. Aus gesundheitlichen Gründen ist Antje Weisgerber diesmal nicht mehr mit dabei. Sie spielte seit Beginn der Serie die herzensgute Oma Olga Mattiesen, die Seele vom Landarzthaus.

Der traurige Hintergrund: Bei einer ärztlichen Untersuchung wurde ein bösartiger Tumor im Kopf der 77-jährigen Schauspielerin entdeckt. Sie braucht absolute Ruhe und wird wohl nicht mehr spielen können. Es sei ihr eigener Wunsch, nicht mehr die Rolle der Olga Mattiesen zu spielen, heißt es aus Kreises der Filmcrew.

„Beginnt mit meinem Tod", bat sie den Regisseur Klaus Gendries. Tiefe Betroffenheit bei dem gesamtem Landarztteam und Produzenten. Immerhin war sie von Anfang an dabei. Dass sie nicht mehr zum Team gehört, kann sich am Set noch keiner vorstellen. Wir wünschen ihr alle eine gute Besserung.   **Lindaunis, 2000**

Karin Düwel, Antje Weisgerber
und Walter Plathe bei
Dreharbeiten in Hamburg (1995).

Szenenfoto: Gerd Grasse,
Julian Paeth und Willi Gerk
in der Berufsschule in
Kappeln (2006).

Walter Plathe (links) und Komiker Mike Krüger bei Dreharbeiten
im Garten vom Lindauhof.

Katrin Pollitt mit
mehreren Pizzen
in der Hand.

Außenaufnahme mit einem speziellen
Kamera-Fahrzeug.

Walther
Plathe.

Till Demtrøder und
Edgar Bessen.

Claudine Wilde und
Michael Lesch.

Ein Rapsfeld, wie es in der Serie „Der
Landarzt" regelmäßig zu sehen ist.

PKW überschlägt sich: Mark Bohm schwer verletzt

Wippendorf. Am Freitag ereignete sich auf einer Landstraße in Richtung Wippendorf (Kreis Schleswig-Flensburg) ein schwerer Verkehrsunfall. Nach Auskunft der Polizei war Mark Bohm, Inhaber des „Alten Landgutes", auf der Suche nach seinem Sohn Tobias. Dabei übersah er einen abgelegten Holzhaufen, fuhr darauf zu, überschlug sich und landete Kopfüber auf einem Feld. Ein zufällig vorbeifahrender Landwirt sah das Unglück und alarmierte sofort die Rettungsleitstelle. Kurz darauf rückten auch schon die Geltinger Feuerwehr und ein Rettungswagen an.

Um den Schwerverletzten aus dem Auto zu holen, musste die Feuerwehr die Türen aufschneiden. Ein Notarzt stellte starke Nierenquetschungen und innere Verletzungen fest.

Da der Weg zur nächsten Uniklinik zu weit weg war, musste die ADAC-Luftrettung geholt werden. Inzwischen hatte die Geltinger Feuerwehr die Türen herausgeschnitten; nun konnte der Verletzte ärztlich versorgt werden. Völlig fassungslos traf inzwischen Landarzt Ulrich Teschner am Ort des Geschehens ein und sah wie der Notarzt Mark Bohm Intubierte.

Von weitem hörten die Einsatzkräfte und Schaulustige die Rotorblätter vom fliegenden gelben Engel. Mark Bohm wurde sofort in die Uniklinik Kiel geflogen. An seinem PKW entstand einen Totalschaden.

Diese dramatischen Szenen spielten sich vor laufender Kamera ab. Es handelt sich hierbei um eine weitere Folge der Serie „Der Landarzt".

Natürlich flog Schauspieler Hans-Georg Panczak als Mark Bohm nicht selbst durch die Luft, sondern Stuntmann Frank Haberland aus Potsdam.

„So eine Unfallszene muss gut vorbereitet werden", erklärt Regisseur Gunter Krää in einer kleinen Drehpause. Am Vormittag wurde jedes Detail, jede Kameraeinstellung besprochen und durchgespielt. Für diesen Inszenierten Unfall wurde eine Landstraße in der Nähe von Wippendorf komplett abgesperrt. Das Sicherheitsrisiko, dass Passanten ans Set stoßen könnten, war einfach zu groß.

Nachdem alle Sicherheitsvorkehrungen abgestimmt und erfüllt waren, konnte der Countdown für den Stuntflug beginnen. Drei Kameras haben diese Szene festgehalten. Als Stuntmann Haberland aus dem schrottreifen Auto hervor kam, waren alle erleichtert, dass der Flug so gut über die Bühnenrampe ging. Windböen und aufwirbelnder Staub vom Hubschrauber machten die Dreharbeiten zu einer Herausforderung. Der Hubschrauber kam aus Landshut und wurde eigens für die Dreharbeiten engagiert. „Für uns war dieser Drehtag auch ein Übungstag. Die Bedingungen waren sehr realistisch", sagte Dr. med. Stefan Poloczek, der den Regisseur mit seinem Fachwissen unterstützte. Da der Hubschrauber nachts nicht fliegen darf, flogen sie nach Drehschluss nach Kiel, um am nächsten Tag wieder zurück nach Landshut zu fliegen. **Wippendorf, 2003**

Dreharbeiten in Wippendorf
im Jahr 2003. Was da genau
passierte: Seite 22.

Uli Techner geht vorerst in den Urlaub

Lindaunis. Dr. Ulrich Teschner (Walter Plathe) und Kollege Dr. Moritz Roßwein (Christian Schmidt) schließen bis auf weiteres ihre Gemeinschaftspraxis in Deekelsen. Für Fans der Vorabendserie „Der Landarzt" bedeutet dies, auf die zahlreichen kleinen Geschichten, mal fröhlich, mal traurig, mal voller Intrigen – und oft auch einfach wie aus dem täglichen Leben gegriffen, für die nächste Zeit verzichten zu müssen.

Am vergangenen Freitagabend wurde – zumindest vorerst – die letzte Folge „Der Landarzt", mit der die Region rund um Kappeln bundesweit berühmt geworden ist, ausgestrahlt.

Doch keine Panik, schon im Sommer nähsten Jahres beginnen die Dreharbeiten für eine weitere Staffel der beliebten Arztserie. Eingeweihte wissen: Wenn die Trucks von der Filmproduktion aus Berlin durch das schöne Angeln fahren, sind auch die Schauspieler, wie zum Beispiel Walter Plathe alias D. Ulrich Teschner, Christian Schmidt alias Dr. Moritz Roßwein und Karina Thayenthal alias Teschners Freundin Schwester Jutta nicht mehr weit.

Da sich in und um Kappeln herum auch in diesem Jahr einiges tut – die neue Brücke wird im November in Kappeln eingeweiht werden und die Wikingertage in Schleswig finden in diesem Jahr wieder statt – sollte auch den Drehbuchautoren der Stoff für eine neue, interessante Staffel des „Landarztes", in der geschickt tatsächliche Geschehnisse eingebaut werden, nicht ausgehen.

Lindaunis, 2002

Von links: Christian Schmidt, Regisseurin Sabine Landgaeber und Walter Plathe besprechen die nächste Szene.

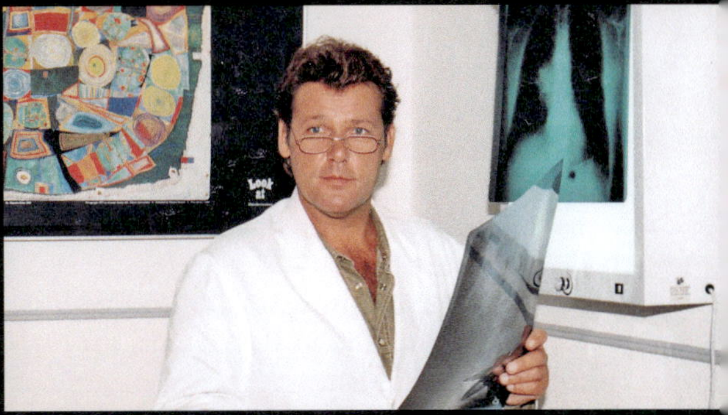

Gerhard Olschewski und Mike Krüger.

De verkehrte Notdienst

Lindaunis. Kai Labrenz ist der plattdeutschen Sprache mächtig. An dieser Stelle eine kurze Geschichte op plattdütsch: Heinz studeerer de Zeitung, wi immer stuun ok düttmol wer veel Schiet bin. He wull sick mol schlau mogen wer am Wuchenend vun de Dokters arns Notdienst har. Wat weer dat denn? Heinz müsser tweemol hinkieken, he kunn dat nich glöven weer dor arns Notdienst mogen sull. Im Rahmen der Sparmaßnahmen geve de Bundesgesundheitsminister bekannt, dat ok bi de ärztliche Wuchenendnotdienste sport warrn mut.

He har för ganz Düütschland een Notdienstplon opstellt: Im Norden hett „de Landarzt" Dr. Jan Bergmann in Deekelsen Notdienst. Op de Halligen dat „Ärzteteam Nord" in Husum. In Ostfreesland sull „Dr. Martin" Notdienst moggen und in Erfurt „Dr. Kleist". In Berlin Dr. Sommerfeld vun de „Praxis Bülowbogen", in Köln an de Rhein mogt dat „de Stadtklinik". „Dr. Stefan Frank", de Arzt de de Fruun vertruun, hett in München sien Notdienst.

In Leipzig möhn de Ärzte vun de Sachsenklinik „In aller Freundschaft" Notdienst moggen. In Österreich hett „de Bergdoktor" veel to don, un in de Schwattwald mogt de junge Dr. Brinkmann vun „de Schwattwaldklinik" Notdienst. Wenn dat arns nich hölpen de, geve dat jor noch „För alle Fälle Stefanie".

Dormit weer nu in ganz Düütschland de Wuchenendnotdienstplon opstellt. De Politikers in Berlin sind nu wohl ganz verrückt wurrn, und dat kort vör de Wahlen.

Wat hem de vör Tabletten nohm. Wenn dat nich in de Zeitung stunn, kunst dat nich glöven. Dat sind doch arns Fernsehärzte, de hem vun reale Medizin doch keen Ahnung, un de sölln Wuchenendnotdienst moggen? wat hett sick de Bundesgesundheitsminister blots dorbi dacht? Sowiet is dat nu mit süs nüe Sporprogramm, dat Fernsehärzte Notdienst hem.

Oder har Heinz de Sied verwessel, is dat doch dat Fernsehprogramm vun Hüüt wess? Dor keem sien Fruu Inge vun´t Inkoopen weer torüch. „Na Heinz hes dat Fröhstück fertich?" Froger se Nieschierich no. „Ik heff di ok de nüe Zeitung mitbröcht!" un leg se eem op de Disch hin. Heinz kieker op Datum, nee dat kunn nich sien, har he doch in een ole Zeitung rinluschert, de weer vun 1. April. Nu weer Heinz doch erleichtert, he kunn sick dat ok nich vörstelln, dat sowat möglich wer.

Dat ganze weer een Aprilscherz, man sull ok nich arns glöven wat in de Zeitung bin steiht. Kieken wi uns de Landarzt und co doch lever in Fernsehen an!

Denn dor gehören se ok hin. Denn mal veel Spoß mit unseren Fernsehärzten un dat ganze ok noch rezeptfrie.   **Lindaunis, 2005**

Walter Plathe und Karin Düwel.

Von links: Thomas Balou Martin, Daniela Hoffmann, Victoria Sturm, Franziska Troegner und Gerhard Olschewski.

28

Sabine Landgraeber (links)
bespricht mit Darstellern die
nächsten Kameraeinstellungen.

Ein Bayer führt Regie beim Landarzt

Lindaunis. Am kommenden Freitag, den 9. Januar 2004, wird die 13. Staffel der Serie „Der Landarzt" ausgestrahlt. Neu im Abspann zu lesen ist der Name des Regisseurs: Gunter Krää (auf dem Foto unten neben Walter Plathe). Der Münchener ist bereits bekannt durch zahlreiche Serien wie „Achterbahn", „Alphateam", „Schloss Einstein","Sommer und Bolten" und „Herzschlag – Das Ärzteteam Nord" und hat für zwölf Folgen in der 13. Staffel beim Landarzt die Regie übernommen.

„Die Zusammenarbeit mit den Schauspielern der Produktion und örtlichen Presse war sehr gut", sagte der gebürtige Augsburger am letzten Drehtag im Oktober 2003. Gerne würde er im Mai 2004 – wenn 15 neue Landarztfolgen in der Schleiregion produziert werden – wieder die Regie übernehmen. Der Bayer ist angesichts der blühenden Rapsfelder und der landschaftlichen Vielfalt von der Schleiregion ins Schwärmen geraten.

Nach seinem Abitur, absolvierte Gunter Krää ein Studium an der Filmhochschule München. Nach acht Semestern hatte er sein Regie-Diplom mit dem Schwerpunkt Fernsehspiel in der Tasche. Als Regieassistent holte er sich seine ersten Erfahrungen. Seit 1985 hat sich Gunter Krää auf Serien spezialisiert. In vielen Folgen führte er Regie unter anderem auch in „Forsthaus Falkenau", „Für alle Fälle Stefanie" und im „Marienhof". Ohne filmische Mätzchen sind unter der Regie von Gunter Krää zwölf interesasante Landarztgeschichten entstanden. Bleibt zu hoffen, das Krää auch in der 14. Staffel wieder die Regie übernimmt... **Lindaunis, 2004**

30

Walter Plathe
und Gisela Trowe.

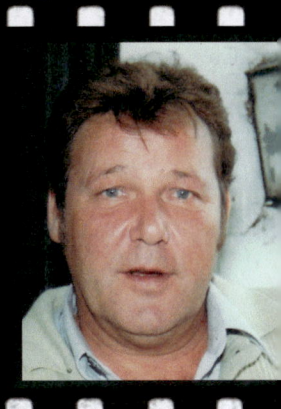

De Preester ward 75 Johr / Der Pastor wird 75 Jahre alt

Lindaunis. Schauspieler Heinz Reincke feiert am 28. Mai 2000 seinen 75. Geburtstag. Vom Ruhestand hält der Jubilar nicht viel. Für die Serie „Der Landarzt" steht er zur Zeit wieder in Kappeln und Umgebung vor der Kamera. Bereits im Jahr 1982 hatte der Burg-Schauspieler zusammen mit Manfred Krug in Maasholm in der Serie „Die Fischer von Moohövd" in der Schleiregion einen Auftritt. Und immer wieder gern anzusehen sind seine „Geschichten aus der Heimat".

Heinz Reincke widmete sich ab 1942 beruflich ganz dem Theater: er arbeitete als Souffleur, Inspizient, Operettenbuffo und jugendlicher Komiker an verschiedenen Bühnen.

Der heute aus zahlreichen Fernsehrollen bekannte Schauspieler fand sein erstes Engagement nach dem Krieg in Schleswig. Das Theater war in privater Hand von Kay Nikolai und nannte sich Renaissance-Theater. Auch Heinz Reincke fing einmal als Statist an. Kay Nikolai sah Ihn in Kiel spielen und holte ihn nach Schleswig, obwohl alle Rollen besetzt waren. Gern erinnert sich Heinz Reincke an den Beginn seiner Karriere zurück und möchte die Zeit in dem wunderbaren Theater nicht missen.

Zwar konnten Gagen nur selten ausbezahlt werden, wichtiger war ihm die Spielfreude. Die Jahre in Schleswig waren für Heinz Reincke die wichtigsten in seinem Leben, wie er immer wieder betont. Denn hier lernte er nicht nur sein Frau kennen, sondern musste auch „stempeln" gehen. „Nach der Währungsreform ging das Theater ein. Wir zogen ein Jahr mit dem Ensemble übers Land, dann wurden wir arbeitslos. Die Stempelkarte aus Schleswig habe ich extra aufbewahrt", erinnert sich der 75-jährige gebürtige Kieler.

1948 gründete er mit der Wanderbühne „Entertainer" sein eigenes Theater; 1950 holte Walter Erich Schäfer ihn nach Stuttgart, wo er – nach kleineren Rollen als Komiker – mehr und mehr ins Charakterfach hineinwuchs. 1955 engagierte Gustaf Gründgens ihn an das Deutsche Schauspielhaus in Hamburg, in dem er zahlreiche große Charakterrollen spielte. Sein Ruf als dynamisch, wandlungsfähiger Schauspieler festigte sich. Von 1968 bis 1986 gehörte Heinz Reincke zum festen Ensemble des Wiener Burgtheaters an. Neben der Bühne arbeitet er bereits seit den fünfziger Jahren für Film und Fernsehen. Seit 1986 spielt er die Rolle des Pastor Eckholm beim Landarzt. Eine Rolle, die ihm auf dem Leib geschrieben wurde.

Bei seinen Dreharbeiten zum „Landarzt" fühlt sich der Schauspieler hier in der Schleiregion sehr heimisch und genießt auch manchmal einen Spaziergang über den Schleswiger Holm.

Lindaunis, 2000

Walter Plathe, Heinz Reincke und Karina Thayenthal in der Küche...

Heinz Reincke (hier in der Rolle als Eckholm im Rollstuhl) und Walter Plathe als Landarzt Dr. Teschner. Im Hintergrund ist das Gut Lindauhof.

Sabine Bach und Heinz Reincke bei Dreharbeiten in Missunde an der Schlei.

Til Demtrøder.

Karin Düwel.

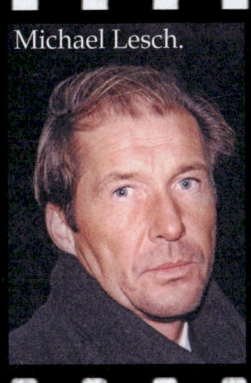

Michael Lesch.

Jens Scheiblich und Walter Plathe.

Uli Teschner bei schwerem Verkehrsunfall verletzt

Weidefeld. In einer scharfen Kurve schnitt ein Fahrzeug von Flensburg in Richtung Deekelsen fahrend die Kurve so stark, dass ein entgegen kommendes Fahrzeug ausweichen musste. Dieses Ausweichmanöver wurde den PKW-Insassen zum Verhängnis. Das Fahrzeug flog aus der Kurve und landete kopfüber auf einer Weide. Im verunglückten Fahrzeug PKW befanden sich Dr. Ulrich Teschner mit seiner Frau Lilli. Sie hatte sich nur ein paar Schürfwunden zugezogen und konnte sich sich mir eigener Kraft aus dem Autowrack befreien.

Ihr erster Gedanke: was ist mit Uli? Sie befreite ihren schwerverletzten Mann aus den verunglückten PKW. Das Ehepaar Teschner befand sich auf dem Weg zur Hochzeitsfeier von Uwe Kuss und Kerstin Mattiesen. Wanja Teschner hatte ein ungutes Gefühl, als sein Vater nicht rechtzeitig zur Feier erschien. „Da muss etwas passiert sein", vermutete er und fuhr ihnen entgegen. Völlig fassungslos traf er am Unfallort ein und alarmierte die Rettungswache in Deekelsen. Kurze Zeit später kam auch der Rettungshubschrauber angeflogen und brachte den schwerletzten Landarzt in die Flensburger Klinik.

Weidefeld, 1997

Szenenfoto: Dr. Ulrich Teschner liegt bewusstlos auf der Weide. Seine Frau Lilli leistet Erste Hilfe.

Schwerer Verkehrsunfall auf Landesstraße: eine Tote

Tolk. Nachdem ihr Wohnwagen abgebrannt ist, suchen Antje und Kasperski nach einer neuen Bleibe. Während sie ihre gemeinsame Zukunft planen und sich über Antjes Schwangerschaft freuen, sieht Kerstin keine Zukunft mehr für ihre Ehe mit Uwe.

Eckholm, der für immer nach Deekelsen zurückgekehrt ist und Schwester Jutta können zwar Ratschläge geben, aber nicht helfen: Kerstin verlässt Deekelsen und zieht mit Klein-Olga auf unbestimmte Zeit zu ihrer Mutter nach München.

Mark Bohm ist ein unbequemer Patient bei Dr. Teschner. Er hat Gleichgewichtsstörungen und Teschner versucht eindringlich, ihn am Autofahren zu hindern. Während Kasperski einen Hausbesuch bei Frau Jansen macht, ruft Antje an: Es scheint zu klappen mit dem Traumhaus! Auf dem Weg zum Treffen passiert die Katastrophe. Antje stirbt bei einem Autounfall mit Fahrerflucht. Teschners erster Verdacht, Mark Bohm könnte der Unglücksfahrer sein, erweist sich als falsch.

Dr. Kasperski aber sieht in Deekelsen ebenfalls keine Zukunft mehr...

Tolk, 2000

Polizist Heitmann und Dr. Teschner können nur noch den Tod der jungen Autofahrerin feststellen.

37

Diese und noch weitere dramatische Unfälle sind reine Fiktionen und wurden vor laufender Kamera für neue Folgen der Serie „Der Landarzt" aufgenommen. Natürlich flog das Landarztpaar Uli (Walter Plathe) und Lilli (Karin Düwel) nicht selbst durch die Luft, sondern das Stuntteam Grzesczak aus Berlin. Nachdem alle Sicherheitsbedingungen abgestimmt und erfüllt waren, konnte der spezielle „Landarzt-Flug" beginnen. Um für die Fernsehzuschauer eine atemberaubende Wirkung darzustellen, wurde der Stunt-Flug mit drei Kameras festgehalten. Für diese Dreharbeiten wurde eine Landstraße in Weidefeld für den normalen Fahrzeugverkehr komplett abgesperrt.

Bei einem weiteren Unfall flog Schauspieler Hans-Georg Panczak ebenfalls nicht als Mark Bohm selbst durch die Luft, sondern wurde vom Stuntmann Frank Haberland aus Potsdam „ersetzt". Das Risiko, dass ein ungeübter Darsteller dabei verletzt wird, wäre sonst viel zu groß.

„So eine Unfallszene muss stets bis ins kleinste Detail vorbereitet werden", klärt Regisseur Gunter Krää während einer kleinen Drehpause auf. Am Vormittag des Drehtages wurde jedes Detail und jede einzelne Kameraeinstellung besprochen und mehrfach vorher „trocken" durchgespielt.

Nachdem alle Sicherheitsvorkehrungen abgestimmt und erfüllt waren, konnte der Countdown für den Stuntflug beginnen.

Als Stuntmann Haberland aus dem schrottreifen Auto hervor kam, waren alle erleichtert, dass der Flug so gut über die Bühnenrampe ging. Windböen und aufwirbelnder Staub vom Hubschrauber machten die Dreharbeiten zu einer großen Herausforderung. Nach dem Dreh applaudierte das gesamte Team – eine spannende Szene war im Kasten.

Szenenfoto: Dr. Ulrich Teschner liegt bewusstlos auf der Weide. Seine Frau Lilli leistet Erste Hilfe. Siehe auch Seite 36.

Stuntmann Frank Haberland (links) mit Schauspieler Hans-Georg Panczak.

Gisela Trowe (als Gräfin Bea), Jens Scheiblich (Polizist Heitmann) und Gert Haucke (Bruno Hanusch) bei Dreharbeiten in einer Gärtnerei in Gelting.

Neuer Arzt in der Landarztpraxis

Lindaunis. Nach dem Weggang von Dr. Jens Kasperski (Timothy Peach) praktiziert Dr. Ulrich Teschner (Walter Plathe) alleine in der Landarztpraxis. Jetzt wo der Landarzt auch noch die Patienten von Dr. Kasperski mit behandeln muss, hat er alle Hände voll zu tun und entsprechend wenig Zeit für seine Frau Jutta (Karina Thayenthal). Es wäre schön wenn der Landarzt wieder eine ärztliche Unterstützung in der Gemeinschaftspraxis bekäme.

Es dauert nicht lange und ein neuer Arzt kommt zur Verstärkung nach Deekelsen: Dr. Moritz Roßwein (Christian Schmidt), der Sohn von Teschners langjährigen Freund Prof. Roßwein (Gerd Silberbauer), wird Dr. Kasperskis Nachfolger. Er will lieber auf dem Lande praktizieren als in der Klinik unter der Aufsicht seines Vaters. Moritz Roßwein fühlt sich in der Landarztpraxis sehr wohl. Dr. Teschner kann es nur recht sein, so kann er sich wieder mehr Zeit für seine Familie nehmen.

Auch nach 15 Jahren, zählt „Der Landarzt" immer noch zu den beliebtesten Serien auf dem Bildschirm – und ein Ende scheint nicht in sicht zu sein. Nachdem bereits im letzten Jahr 15 Folgen abgedreht wurden, laufen noch bis Ende Juli die Dreharbeiten für weitere elf Folgen, die ab Herbst 2001 im Fernsehen zu sehen sein werden. **Lindaunis, 2011**

Christian Schmidt spielt im Jahr 2011 Dr. Moritz Roßwein. Auf dem Foto zu sehen: Sabine Landgraeber (Regie).

Dr. Lilli Schwarzenberg
Ärztin für Allgemeinmedizin

Sprechzeiten: Mo, Di, Do, Fr :
8.00 – 12.00 Uhr
15.00 – 18.00 Uhr

mittwochs geschlossen!

Karin Düwel (als Dr. Lilli Schwarzenberg) und **Walter Plathe** (als Dr. Uli Teschner) bei Dreharbeiten in Lindauhof.

Thorsten Nindel wacht als Polizist in Deekelsen

Lindaunis. Die Fernsehserie bekommt Nachwuchs: und zwar in der Form des jungen Polizeiwachtmeister Olsen (Thorsten Nindel). Nachdem Polizist Schliesser (Sönke Schütt) versetzt worden ist, muss Kollege Heitmann (Jens Scheiblich) die Arbeit in der Deekelsener Polizeistation alleine verrichten. Doch diese Aufgabe überfordert den Dorfpolizisten, vor allem, wo gerade jetzt in der Urlaubszeit Deekelsen von vielen Gästen und Urlaubern besucht wird und kleinere, aber auch größere Aufgaben die volle Aufmerksamkeit Heitmanns in Anspruch nehmen.

Und einer alleine kann nun mal nicht an zwei Orten zugleich sein. Da ist es nur verständlich, dass Heitmann Verstärkung braucht. Eben diese soll er auch bekommen. Volle Unterstützung bekommt er in Form eines jungen Kollegen: Polizeiwachtmeister Olsen (Thorsten Nindel) tritt schon kurze Zeit später die Nachfolge Schliessers an. Gemeinsam mit seinem erfahrenen und auch in Deekelsen schon lange Jahre heimischen Kollegen wird Olsen künftig für Recht und Ordnung in Deekelsen und Umgebung sorgen.

Vielen Fernsehzuschauern wird Schauspieler Thorsten Nindel als ausgeflippter Freak „Zorro" aus der ARD- Serie „Lindenstraße" bekannt sein. Der 1.85 Meter große Schauspieler wirkte bereits in vielen Fernseh- und Kinofilmen mit. So stand Nindel unter anderem neben Hardy Krüger junior und Ralf Bauer in der TV- Serie „Gegen den Wind" vor der Kamera, war in „Freunde fürs Leben", „Tatort", „Das Schwurgericht", „Die Unzertrennlichen" und „Willy Wuff" zu sehen.

In Kinofilmen wie „Gefährliche Mitgift" und „Nur aus Liebe" spielte er unter der Regie von Denis Satin. Zuletzt konnte man den Schauspieler neben Jochen Busse in der Rolle des Amtsanwärter Rüdiger Poppels in der TV-Comedy-Serie „Das Amt" sehen. **Lindaunis, 2002**

Thorsten Nindel (links) und Jens Scheiblich.

Die Haupt-
darsteller
der Serie im
Jahr 1997.

„Klappe die erste, Kamera läuft" beim Landarzt

Lindaunis. Nach einer langen Winterpause ist es endlich wieder soweit: am vergangenen Montag begannen auf dem Lindauhof die Dreharbeiten für die mittlerweile 13. Staffel von „Der Landarzt". Bis in den Herbst hinein werden zwölf Landarztgeschichten mit je 45 Minuten für die Ewigkeit festgehalten. Neu im Landarztteam ist der Münchener Regisseur Gunter Krää (Bericht auf Seite 30).

Der gebürtige Augsburger freut sich sehr auf die gute Zusammenarbeit mit den beliebten Schauspielern, dem bewährten Team um Walter Plathe, Karina Thayenthal, Heinz Reincke, Eva-Maria Bauer, Gerhard Olschewski, und Till Demtrøder. Tatsache ist, das Schauspielerin Gerda Gmelin nach ihrem plötzlichen Tod von allen Landarztkollegen sehr vermisst wird.

Zum Inhalt der neuen Staffel gibt es kurzum folgendes zu berichten: Schuldirektor Kranz (Gerd Grasse) muss Dr. Teschner (Walter Plathe) am Wochenende aufsuchen. Er hatte sich sein Kiefer ausgerenkt, nachdem Uli ihn wieder eingerenkt hatte und Kranz wieder einige Worte sagen konnte, verpasste Ihn Schwester Jutta (Karina Thayenthal) zur besseren Heilung ein Verband. Ein Bekanntes Gesicht kehrt nach Deekelsen wieder zurück. Dr. Jens Kasperski alias Timothy Peach möchte sich in Deekelsen als Arzt niederlassen. Ausgerechnet Schwester Jutta hilft ihm beim Aufbau seiner Praxis, was nicht nur Teschners Praxis, sondern auch sein Privatleben in Unordnung bringt. Eine Nebenrolle hat neuerdings auch Karin Eickelbaum, die „Tatort"-Ex von Hansjörg Felmy, übernommen.

Hinnerksen (Gerhard Olschewski) und Gertrud (Franziska Troegner) haben Geldsorgen: an ihrem Haus werden Reperaturarbeiten fällig, die sie nicht bezahlen können. Und so versucht Hinnerksen meist vergeblich an immer neuen Methoden, zu Geld zu kommen. In einer Episodenrolle wird Schauspieler Peter Heinrich Brix zu sehen sein, ohne dabei das „Großstadtrevier" zu vernachlässigen. Regisseur Krää hat sich vorgenommen, auch die „Landarzt"-Episoden unterhaltsam und gefühlvoll in Szene zu setzen. „Mein Interesse gilt der Fiktion. Ich möchte ohne Hektik und filmische Mätzchen die Geschichten erzählen", sagte er bei den Dreharbeiten. Neben Produktionsleiter Peter Plitz agiert hinter den Kulissen Aufnahmeleiterin Carola Freitag und Kameramann Erich Maria Krenek.

Schon im Januar besuchten die Drehbuchautoren Jochen Hauser und Bernd Schirmer gemeinsam mit der Filmcrew die Schleiregion, um nach neuen Geschichten Ausschau zu halten. Die jungen Figuren werden in der Serie zu Stammfiguren weiter aufgebaut. Der Beginn eines Generationswechsels in Deekelsen?

Im Herbst werden zunächst die im vergangenen Jahr in der Schleiregion produzierten zwölf Folgen ausgestrahlt, gleich im Anschluss kommen die diesjährigen zwölf Folgen dran. **Lindaunis, 2003**

„Landarzt" - Plathe erobert das Finanzimperium

Schleswig. Letzte Woche parkten vor der Tür einer Bankfiliale am Schwarzen Weg in Schleswig drei blaue LKW, ein Generatorwagen und einige Wohnmobile. „Was wollen die denn hier?", fragten sich einige Passanten. „Doch wohl nicht die Bank ausräumen?" Nein, keine Angst. Bei den LKW handelte es sich um Gerätewagen von der Terranova Film und Fernsehproduktion Otto Meißner KG aus Berlin. In der Halle der Vereinsbank wurden für die Serie „Der Landarzt" einige Innenaufnahmen gedreht.

Unter der Regie von Sabine Langraeber (seit Mitte August führt sie beim Landarzt Regie) werden gerade neue Folgen der Arztserie produziert. Für eine 45-Minuten-Folge benötigt das Filmteam etwa neun bis zehn Tage. Nachdem die Halle für den Dreh hergerichtet wurde, konnten die Dreharbeiten beginnen. Hanusch (Gert Haucke) benötigte einen Kredit und führte ein Gespräch mit dem Banker (Claudius Freyer).

Wenig später kam Dr. Ulrich Teschner (Walter Plathe) zur Bank, um den Banker auf Hanusch´s Herzkrankheit aufmerksam zu machen. Der Banker erzählte Dr. Teschner, dass der Vertrag ungültig sei. Was den Landarzt sehr erfreute – Szene im Kasten. Nach vier Durchläufen war der Dreh beendet. Für die Mitarbeiter der Bank war es ein ereignisreicher Tag. Einmal mit zu erleben, wie so eine Szene gedreht wird und vorallem war es interessant, worauf die Filmcrew alles achten muss.

Nachdem die Szene im Kasten war, fuhr das Landarztteam für weitere Filmaufnahmen nach Lindauhof zur Landarztpraxis. Dort zeigte Dr. Teschner, dass er ein Herz für Patienten hat. **Schleswig, 2000**

Walter Plathe (links) und Claudius Freyer in einer Schleswiger Bank am 11. September 2000.

Dreharbeiten auf dem Lindauhof: Der Landarzt sagt „Adieu"

Lindaunis. Olga Mattiesen (Antje Weisgerber), Albert Eckholm (Heinz Reincke) und Gräfin Bea Cornelsen (Gisela Trowe) haben sich der Gesundheit zuliebe entschlossen, für ein Vierteljahr nach Mallorca zu gehen, um dort einen Senioren-Langzeiturlaub zu genießen. Als der Zeitpunkt der Abreise immer näher rückt, merken alle Drei, wie schwer der Abschied von Deekelsen fällt.

Auch beim Stammtisch hat es sich herumgesprochen, dass sie nach Mallorca fahren möchten. Bruno Hanusch (Gert Haucke), Hinnerksen (Gerhard Olschewki), Polizist Heitmann (Jens Scheiblich) und sein Kollege Schliesser (Sönke Schütt) sorgen dafür, dass ihnen der Abschied nicht gerade leicht gemacht wird.

Jens Kasperski (Timothy Peach) hat sich endgültig von Evelin getrennt und flirtet ungeniert mit der attraktiven Katharina (Fiona Molloy), seiner neuen Sprechstundenhilfe.

Er hat von Floriane und Martin ein Motorrad gekauft und will mit ihr ein paar Runden auf der Landstraße drehen. Rasant legt er sich ins Zeug. Als Kasperki vor einem Gasthaus anhält und über die Straße gehen will, erfasst ihn ein Auto.

– Diese spektakuläre Szene wurde in Kronsgaard an der Ostsee aufgenommen. Kameramann Mike Gast saß dabei in einem Auto, um die Szene dramatisch festzuhalten. Der alarmierte Notarzt schafft das Intubieren nicht. Katahrina alarmiert Uli Teschner (Walter Plathe), der mit Jutta (Karina Thayenthal) sofort zur Unfallstelle fährt. Kasperskis Leben hängt an einem seidenen Faden, es geht um Sekunden.

In Deekelsen ist nichts von Bestand. Ob und wann Olga, die Gräfin und Eckholm aus Mallorca wiederkommen, bleibt ein Geheimnis. Erst im Jahr 2000 gibt es eine Fortsetzung. **Lindaunis, 1999**

Von links: Bruno Hanusch (Gert Haucke), Hinnerksen (Gerhard Olschewki), Polizist Heitmann (Jens Scheiblich) und sein Kollege Schliesser (Sönke Schütt) haben tolle Abschiedsgeschenke in der Hand...

Szenenfoto mit den Hauptdarstellern (2000).   Fotograf Kai Labrenz (1998).

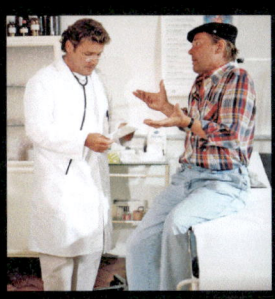

Der Landarzt praktiziert wieder: Dreharbeiten in Kappeln

Kreis Schleswig-Flensburg. Landarzt-Fans dürfen sich freuen: am kommenden Freitag, den 17. März 2000, beginnt das Fernsehen um 18 Uhr mit 31 Wiederholungen der beliebtesten Arztserie „Der Landarzt". Zum Auftakt muss sich Dr. Ulrich Teschner (Walter Plathe) um seine Jugendfreundin Lilli Schwarzenberg (Karin Düwel) ebenfalls Ärztin kümmern. Ihr Mann ist in Brasilien verstorben, nun möchte sie gemeinsam mit ihrem Sohn Carlos (Hannes Restel) in Deutschland ein neues Leben beginnen. Klar, dass Uli Teschner den beiden beim Neuanfang in Deekelsen behilflich ist. Obwohl Uli mit Annemarie (Gila von Weitershausen) noch eine Beziehung hat, finden Uli und Lilli immer mehr gefallen aneinander, so dass die Liebe nicht lange auf sich warten lässt. Es dauert nicht lange, dass sich Annemarie und Uli voneinander trennen und sie nach München geht. Es passiert viel in Deekelsen, der Fernsehzuschauer kann sich wieder auf schöne Aufnahmen aus der Schleiregion freuen.

Ein ganz wichtiges Erfolgselement der Vorabendserie liegt im lebendigen Umfeld des Landarztes, mit der beständig dichten Präsenz der eigenwilligen und doch sympatischen Bewohnern von Deekelsen. Der Reiz des ländlichen Lebens an der Schleiregion; die Zeit, die auf dem platten Lande so scheinbar langsamer vergeht; der Charme der schleswig-holsteinischen Landschaft, dazu die passende Musik – all das sind weitere Zutaten, die die Serie so beliebt machen.

Viele Touristen fragen immer wieder „Wo finde ich den Deekelsen?". Die Antwort müsste eigentlich lauten: „Nirgendwo!" Denn Deekelsen ist eine Erfindung des Drehbuchautors und auf keiner Landkarte zu finden. Gedreht wurde die Fernsehserie zu einem großen Teil in Kappeln an der Schlei und seiner Umgebung. Das aber nicht nur, denn auch an vielen anderen Orten in der Landschaft Angeln wurden schöne Aufnahmen gemacht. Mehr dazu lesen Sie ab Seite 86. **Kreis Schleswig-Flensburg, 2000**

Walter Plathe und Frank Stieren
(rechts) bei Dreharbeiten auf einem
Boot auf der Schlei.

Dreharbeiten in Kappelns
Innenstadt: Szenen mit dem
Stammtisch aus Deekelsen.

Szenenfoto: Anton Fletsch
(gespielt von Wolf-
Dietrich Berg) mit seiner
Filmfrau.

51

Ein Hauch von Dänemark im Schleswiger Holm

Schleswig. Erneut diente der Schleswiger Holm als Filmkulisse für die Serie „Der Landarzt". Am 6. September 2002 rückte das Produktionsteam der Terranova Filmproduktion an, um in der Fischersiedlung am Süderholm eine Szene fürs Fernsehen zu drehen.

Ein Flohmarkt irgendwo in Dänemark sollte die Kulisse bilden. Birgit Ruttkowski – zuständig für die Ausstattung am Filmset - hatte alle Hände voll zu tun, damit der historische Holm ein dänisches Ambiente bekam. Aus dem Süderholm wurde die Straße „Graemvej" und aus dem Fuss am Holm wurde die Straße „Grydhojvej". In jedem Fahnenhalter steckte eine Dänische Flagge, auch an einen dänischen Briefkasten hatte Ruttkowski gedacht. Jedes Detail wurde sorgsam ausgewählt, viele Schleswiger Beobachter hatten das Gefühl, sie seien auf einem dänischen Flohmarkt zu Besuch. Schon um 8 Uhr morgens kamen die ersten Flohmarktbetreiber an, um sich die besten Kulissennplätze zu sichern.

Um 10 Uhr war es soweit, die Filmcrew konnte mit dem Drehen beginnen. Das Wetter und die Stimmung am Set waren großartig, so fiel denn auch gleich um 10.02 Uhr die erste Filmklappe.

Gedreht wurde folgende Szen: gemeinsam mit Jutta (Karina Thayenthal), Uli (Walter Plathe) und Jeanette (Frederike Euler) besucht Gitte (Nynne Bugat) auf dem Flohmarkt ihren Vater Mogens (Bjarne Henriksen).

Er verkauft dort Antiquitäten und hat bisher noch kein Flohmarkt trotz kleiner Wehwechen versäumt. Uli bummelt gemütlich durch die engen Stände und sieht plötzlich, wie Mogens mit einem kleinen schweren Schrank zusammenbricht.

Gitte sieht ebenfalls was geschehen ist und läuft schnell zu ihrem Vater, der vom Landarzt Uli Teschner bereits bestens versorgt wird.

Das Schöne an dieser Szene ist, dass zwei dänische Schauspieler in dieser Szene mitspielen. Nynne Bugat als Aupair-Mädchen bei den Teschners ist als Darstellerin dabei, sowie Schauspieler Bjarne Henriksen als ihr Vater Mogens. Große Bekanntheit erlangte Bjarne Henriksen in dem dänischen Film „Das Fest" von 1998. Es handelt sich hierbei um ein verstörendes Familiendrama aus Dänemark, das mit dem Spezialpreis der Jury in Cannes ausgezeichnet wurde.

Die Jungdarstellerin Nynne Bugat war bisher in einigen Werbespots im dänischen Fernsehen zu sehen. Es dauerte nicht lange, als während der Dreharbeiten am Holm die ersten Neugierigen den Schauspielern um Autogramme baten. Auch Priörin Henny von Schiller lies es sich nicht nehmen, einen Plausch mit Hauptdarsteller Walter Plathe zu halten.

„Wer weiß, vielleicht drehen sie ja mal bei mir im St. Johanneskloster", sagte von Schiller ganz leise und schaute noch ein wenig bei den Dreharbeiten am Holm zu.   **Schleswig 2002**

Walter Plathe und Kai Labrenz.

Heinz Reincke und Walter Plathe.

Gerd Silberbauer und Christian Schmidt (2004).

Fernseh-Ärzte besuchen Deekelsen

Professor Brinkmann wurde in der Folge „Millimetersache" (Ausstrahlung 2001) als Eginhard „Egi" Kremmel zum Heiratsschwindler. Zahlreiche Schaulustige konnten den sympathischen Schauspieler **Klausjürgen Wussow** bei den Dreharbeiten im Eckernförder Hotel „Seelust" erleben. Bei windigem Wetter wurde auf der Terrasse des Hotels eine Szene aufgenommen.

Dort sorgte er als Heiratsschwindler in Deekelsen für viel Unruhe. Gerade aus dem Knast freigekommen wollte er seine „alte Liebe", Dr. Jens Kasperkis neue Schwester Gertrud (Franziska Troeger), zurückerobern.

Unter der Regie von Sabine Landgrebe versuchte Klausjürgen Wussow als Charmeur mit ein paar Rosen in der Hand sein Glück. Fotograf Kai Labrenz war am Set und konnte dieses Motiv auf der Terrasse einfangen. Auf dem Foto zu sehen: Franziska Troegner (links) und Klausjürgen Wussow. Im Hintergrund fliegt eine Eckernförder Möwe (keine Montage).

Und auch Bergdoktor Thomas Burgner alias **Gerhard Lippert** kam in die Praxis des Landarztes Dr. Teschner nach Deekelsen. In den Folgen „Schusswechsel", „Geheimnisträger", „Klipp und klar", „Anfangsschwierigkeiten" und „Besuch aus der Vergangenheit" besuchte er als Gunnar Wintersdorf (Vater von Anne Heligpeter) den Schleiort. Das Foto oben zeigt ihn zusammen mit Renate Schroeter, der Mutter von Anne Heligpeter. Das Foto entstand bei Dreharbeiten auf dem Gut Lindauhof.

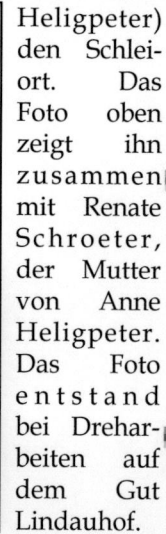

Als Eginhard „Egi" Kremmel wurde Klausjürgen Wussow zum Heiratsschwindler in einer Folge des Landarztes. Dieses Foto zeigt den als „Prof. Brinkmann aus der Schwarzwaldklinik" bekannt gewordenen Schauspieler bei Dreharbeiten in Eckernförde.

Von links: Franziska Troegner, Janina Uhse, Luise Bähr, Renate Schroeter und Gerhard Lippert.

Arztserie kehrt mit 13 neuen Folgen auf den Bildschirm

Lindaunis. Mit zum Teil dramatischen Aufnahmen kehrt die Fernsehserie „Der Landarzt" mit 13 neuen Folgen auf den Bildschirm zurück. Bereits im 17. Jahr begleiten Millionen von Zuschauern den sympathischen Arzt aus dem fiktiven Ort Deekelsen (in der Realtität Kappeln und Umgebung, Seite 86) durch Höhen und Tiefen seines Lebens.

Zweimal schon verlor der Fernseh-Arzt seine große Liebe, ehe er in Schwester Jutta seine ideale Ehefrau fand. Harmonie herrscht auch in den Drehpausen zwischen Walter Plathe und Serien-Gattin Karina Thayenthal. Überhaupt ist „Der Landarzt" für Walter Plathe und seine Kollegen zur zweiten Heimat geworden.

Das Team vom Landarzt ist im Laufe der Jahre zu einer großen Familie geworden. Walter Plathe verrät noch mehr über das Geheimnis vom Landarzt: „Ich genieße diese wundervolle Landschaft, fernab von der Großstadthektik. Auch privat komme ich mit meiner Familie immer wieder zu Besuch nach Deekelsen, das in Wirklichkeit Kappeln heißt und an der Schlei liegt. Die Landarztpraxis sucht man dort vergebens, sie steht im 20 Kilometer entfernten Lindaunis", erklärt Plathe am Rande der Dreharbeiten. Doch das größte Geheimnis hüten zurzeit die Drehbuchautoren: werden in Deekelsen für Dr. Uli Teschner und Jutta bald die Hochzeitsglocken Läuten?   **Lindaunis 2004**

Schauspieler Walter Plathe bereitet sich auf seine nächste Szene vor...

Kai Labrenz, der Ideengeber

Am 22. November 2002 war Komponist und Musiker James Last in Flensburg. Der Landarztfotograf Labrenz nutzte die Gelegenheit und kam ebenfalls in die Fördestadt. James Last hatte 1986 die Titelmelodie von „Der Landarzt" komponiert – der Bezug zur Arztserie war da.

Und Kai Labrenz hatte etwas im Gepäck: eine Liste mit den besten TV-und Filmmelodien von James Last, die er ihm persönlich überreichte. Im Jahr 2006 erschien schließlich die CD „Die schönsten TV- und Filmmelodien" mit vielen der von Labrenz vorgeschlagenen Stücken.

Auf die Frage, was in seinen Augen seine bekanntesten Melodien sind, beantwortet James Last die Frage im Dezember 2014 in Hamburg: „Vielleicht ´Einsamer Hirte`, was dann von Quentin Tarantino in „Kill Bill" benutzt wurde. Oder die Musik vom `Traumschiff` oder dem `Landarzt`. Eben alles Filmmusiken."

Original Autogramm des Musikers James Last vom 22.11.2002.

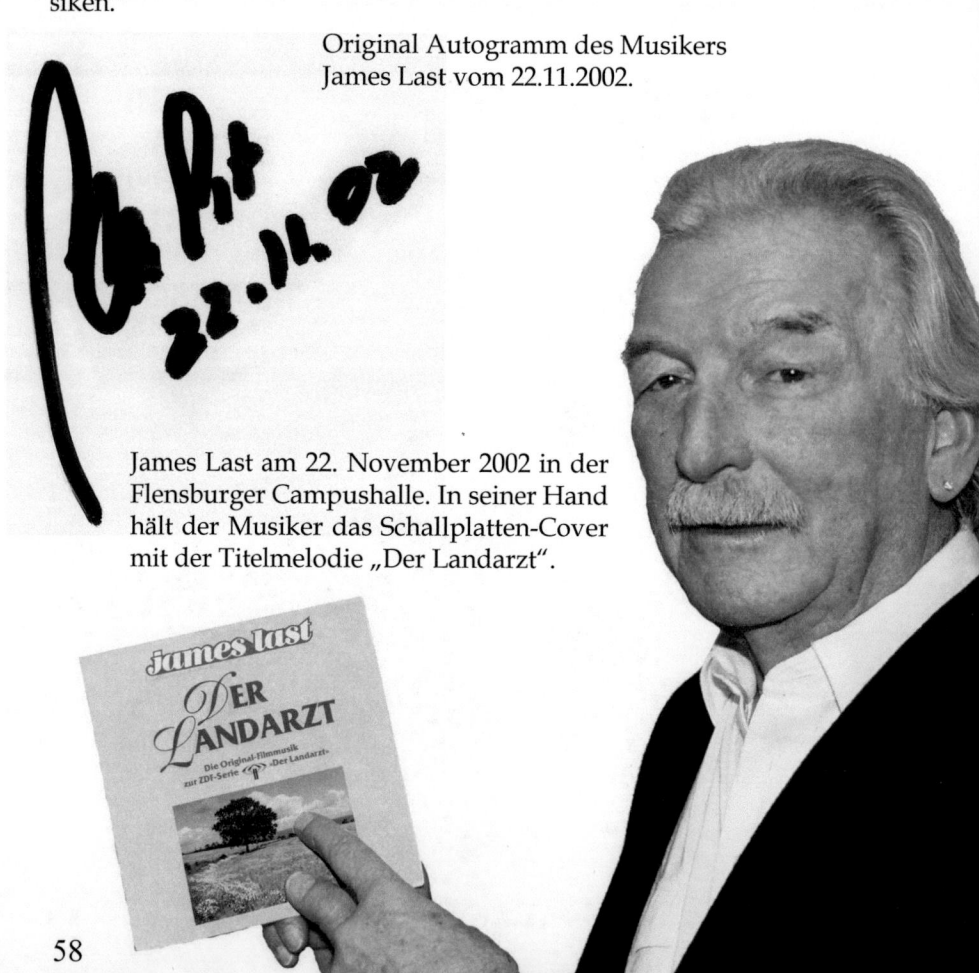

James Last am 22. November 2002 in der Flensburger Campushalle. In seiner Hand hält der Musiker das Schallplatten-Cover mit der Titelmelodie „Der Landarzt".

Landarztpraxis hat bis auf weiteres geschlossen

Lindaunis. Die Scheinwerfer sind ausgeschaltet, die Landarztpraxis in Deekelsen hat bis auf weiteres ihre Türen geschlossen. Die Filmcrew hat die Schleiregion verlassen, um das aufgenommene Material fernsehgerecht zu verarbeiten. Von Juni bis Anfang November 2002 entstanden in der Schleiregion zwölf neue Landarzt-Folgen. In der zehnten Folge gab es ein kleines Jubiläum zu Feiern: Die 150. Folge wurde abgedreht.

Wenn der Landarzt im Fernsehen ausgestrahlt wird, besteht die Serie aus mittlerweile 152 Landarzt-Sprechstunden je 45 Minuten.

Und so geht es in den neuen Folgen weiter: Im Mattiesen-Haus ist wieder turbulentes Familienleben eingekehrt. Jeanette (Frederike Euler) und Benni (Jakob Henningsen) sorgen dafür, dass es ihren Eltern Jutta (Karina Thayenthal) und Uli Teschner (Walter Plathe) nie langweilig wird. Nach einem Besuch von Jutta und Uli bei ihrem ehemaligen Aupair in Kopenhagen, kehrt Gitte (Nynne Bugat) wieder nach Deekelsen zurück. Hinnerksen (Gerhard Olschewski) und Schwester Gertrud (Franziska Troegner) finden zueinander. Wanja Teschner (Till Demtrøder) bezieht eine Wohnung in Glücksburg und lernt dort eine neue Partnerin kennen.

In Deekelsen gibt es auch neue Gesichter zu entdecken: nach dem Tod von Pastor Engel (Jürgen Reutter) wird Pastorin Renate Sabel (Claudine Wilde) mit ihrem unehelichem Sohn David (Philipp Freitag) Eckholms Unterstützung brauchen. Polizist Heitmann (Jens Scheiblich) bekommt nach der Versetzung von Schliesser einen neuen Kollegen: Sven Olsen. Thorsten Nindel, vielen noch gut bekannt als „Zorro" aus der Lindenstraße, spielt den neuen Polizisten der sich nicht nur am Stammtisch durchsetzen kann, sondern auch bei Floriane (Victoria Sturm). Schließlich stellt sich auch Besuch für den Wirt van Hylsen (Frank Behnke) ein.

Harald Dietl, einer der Männer vom K 3, erscheint als Vater Robert van Hylsen in der schönen Schleimetropole. Auf Stippvisite ist auch Herr Patzner (Udo Thomer).

Der Bayer in Deekelsen sucht wiederholt die Landarztpraxis von Dr. Teschner und Dr. Moritz Roßwein (Christian Schmidt) auf. Michaela May wird als Sonja Baldauf neue Hotelbesitzerin vom Hanusch-Hotel in Deekelsen. Eine weitere Bereicherung für die Serie ist der Schauspieler Michael Lesch, der in einer Gastrolle den Bewohner Ole Willbrandt verkörpert, der aus traurigen Anlass nach Deekelsen kommen muss.

Wann die neuen Landarzt- Folgen im Fernsehen ausgestrahlt werden, steht noch nicht fest. Die Einschaltquoten der zwölf neuen Folgen entscheiden, wie und ob es in welcher Besetzung mit den Folgen der Arztserie weitergeht.

Lindaunis, 2002

Victoria Sturm, Karina Thayenthal und Klaus Gehrke.

Nynne Bugat und Bjarne Henriksen (2002).

Karina Thayenthal und Walter Plathe bei einer Szene am Schleswiger Dom (2005).

Konstantin Graudus, Walter Plathe und Bruno F. Apitz (2006).

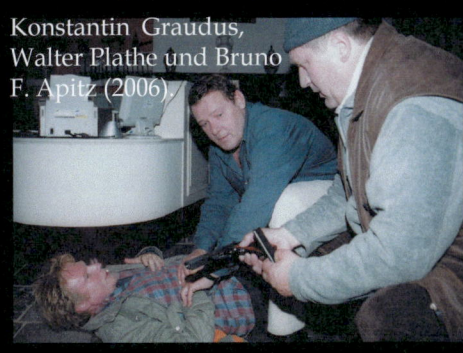

61

Deekelsener Cops ab sofort in blauer Polizeiuniform

Deekelsen. Mit Beginn der aktuellen Drehbeginn zur 16. Staffel der Erfolgsserie „Der Landarzt" bekamen die beiden Polizisten Sven Olsen (Thorsten Nindel) und Dieter Paetz (Ulrich Bähnk) am 25. April 2006 ihre neuen Polizeiuniformen. Wie in der Realität auch, tragen die Beamten aus Deekelsen nunmehr blaue Berufskleidung.

Die beiden Cops sind insbesondere mit der Qualität ihrer neuen Arbeitskleidung, sehr zufrieden. Thorsten war ganz begeistert von der eingenähten Handytasche. Aber auch die Farbe an sich hat es dem Darsteller angetan. Entworfen hat die dunkelblaue Polizeiuniform der Star-Designer Luigi Colani.

Für die Deekelsener Polizisten gibt es seitdem noch zwei weitere Veränderungen: Für ihre Dienstfahrten bekamen die beiden Polizisten zusätzlich auch einen neuen Funkstreifenwagen – natürlich auch in blauer Lackierung – und zudem neue Wache direkt am Hafen. Auch die Fernseh-Polizisten passen sich den Veränderungen in Schleswig-Holstein an. Denn seit 2006 hat auch die „echte" Polizei von der Farbe grün auf blau umgeschwenkt...

Deekelsen, 2006

Gehen seit 2006 in blauer Uniform und blauem Peterwagen im Fernsehen auf Streife: die beiden Polizisten Sven Olsen (gespielt von Thorsten Nindel, links) und Dieter Paetz (Ulrich Bähnk).

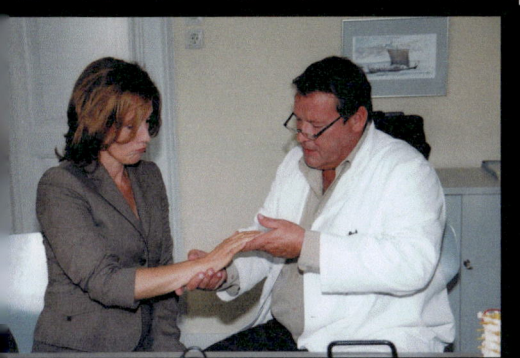

Gerhard Olschewski, Mike Krüger und Walter Plathe.

Kai Labrenz, Gerhard Olschewski und Gerd Silberbauer.

Gerhard Olschewski und Willi Gerk (2006).

Walter Plathe und Karina Thayenthal bei Dreharbeiten am 5. Juni 2004.

Margit Sartorius und Manou Lubowski im Lindauhof am 7. Oktober 2005.

Edith Behleit.

Christian Schmidt (links) und Gerd Silberbauer in Kronsgaard (2004).

Von links: Gerd Grasse, Sabine Bach, Ulrich Gebauer und Hans-Georg Panczak in Kappeln (2006).

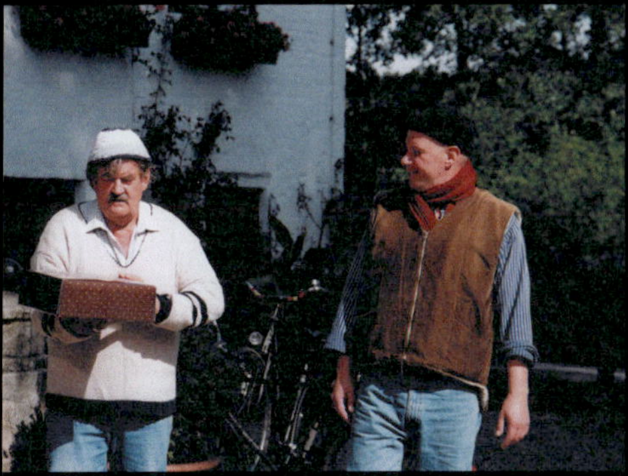

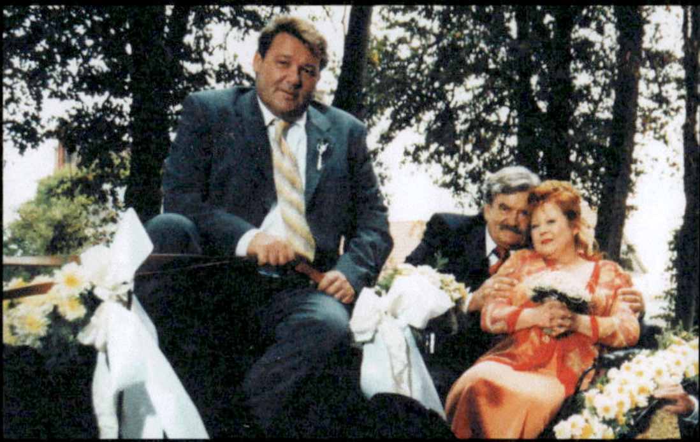

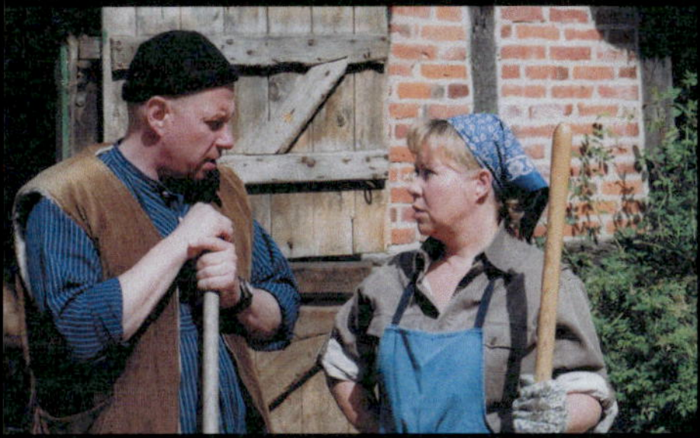

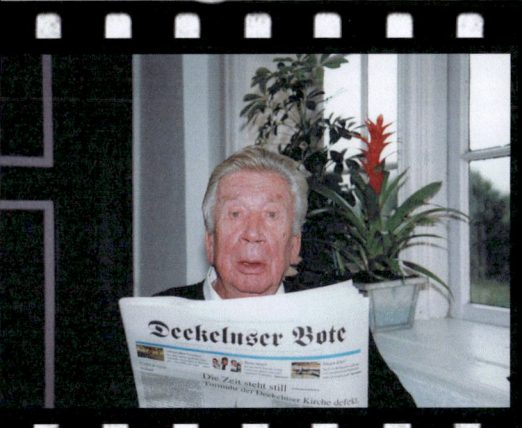

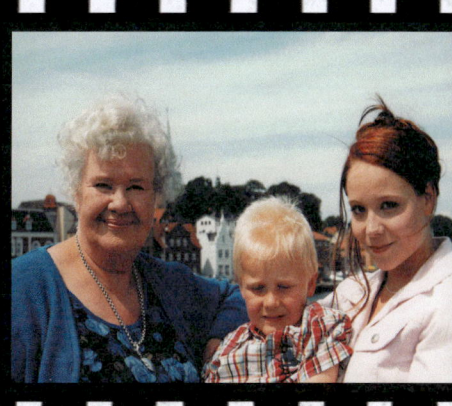

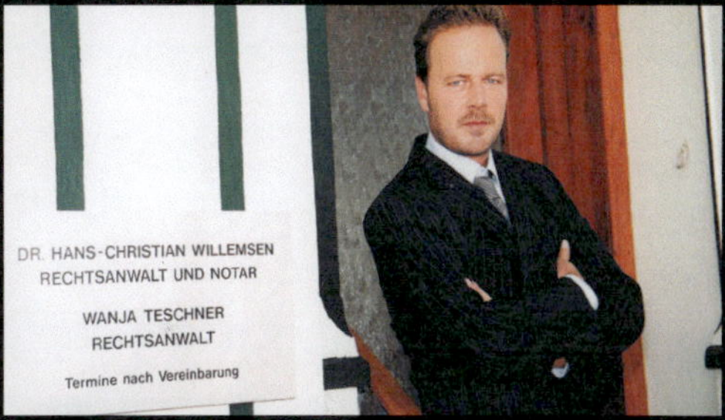
DR. HANS-CHRISTIAN WILLEMSEN
RECHTSANWALT UND NOTAR
WANJA TESCHNER
RECHTSANWALT
Termine nach Vereinbarung

Deekelnser Bote
Die Zeit steht still
Turmuhr der Deekelnser Kirche defekt.

Eva Krull (links) und
Karina Thayenthal auf
einer Parkbank auf dem
Gelände auf Hof Pageroe.

Andrea Popadic
und Hans-Georg
Panczak (2003).

Walter Plathe und
Matthias Zellick
in der
Praxis.

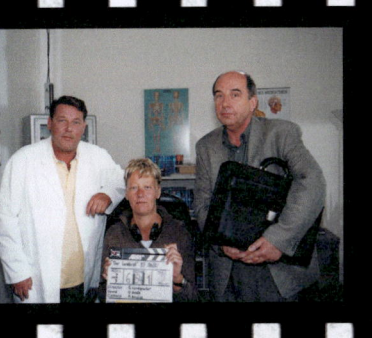

Gerhard Olschewski,
Christian Schmidt
und Aline
Hochscheid
in Kronsgaard.

Einbruch in Hinnerksens Kräutergarten in Deekelsen

Wagersrott. Mitten in der grünen Landschaft in Angeln wohnt der Kräuterdoktor, eine markante Serienfigur. Gerade haben auf dem Holländerhof in Wagersrott die Dreharbeiten für eine neue Folge begonnen, gibt es auch schon folgende Nachricht zu überbringen: Kräuter-Kenner Hinnerksen, dargestellt vom Vollblutschauspieler Gerhard Olschewski, zeigte der Polizei seine eingeschlagene Scheibe im Kräuterbeet. Heitmann (Jens Scheiblich) und sein neuer Kollege Olsen (Thorsten Nindel) waren schnell am Ort des Geschehens. Aber es sollte noch schlimmer kommen, haben die dreisten Diebe doch tatsächlich einen Ast abgebrochen, um damit die Scheibe zu zerschlagen. Floriane (Victoria Sturm) versuchte Hinnerksen zu trösten. Gedreht wurde diese Szene auf dem Hinnerksenhof, der im realen Leben ein altwürdiger Holländerhof ist.

Unter dessen Reetdach unterhält Inhaberin Gretchen Bartel eines der schönsten Dorfmuseen im Kreis Schleswig-Flensburg.

Im Garten aus dem 17. Jahrhundert stammenden Anwesen erklärt Kräuterdoktor in einer weiteren Szene einigen Besuchern seinen Kräutergarten, wobei er vom Umweltschützer Hannes (Jens Eulenberger) unterbrochen wird. Hannes erzählt den Besuchern nebst Hinnerksen, wie schlecht seine Kräuter doch wirklich seien – daraufhin verlassen die Besucher fluchtartig den Kräutergarten. Das ist aber noch nicht alles: die ganze Schauspielercrew vom Landarzt trifft sich in Hinnerksens Kräuterladen. Da zückt sogar Jürgen Bartel (Ehemann von Gretchen) seinen Fotoapparat. „Wann hat man schon die Gelegenheit, die ganzen Schauspieler auf einem Bild zu bekommen", sagt er stolz während der Dreharbeiten. **Wagersrott, 2002**

Von links: Gerhard Olschewski, Regisseur Klaus Gendries und Klaus Gehrke besprechen auf dem Hinnerksenhof das Drehbuch...

on links: Gerhard Olschewski, andolf Scherrhaus, Ians Werner.

Walter Plathe, Ulrich Bähnk, Thorsten Nindel, Randolf Scherrha. us

Dreharbeiten für die elfte Staffel angelaufen

Lindaunis. Nach einer langen Winterpause haben in Kappeln und Umgebung am Montag, den 12. März 2001, die Dreharbeiten für elf neue Folgen der Serie „Der Landarzt" begonnen. Es ist mittlerweile die elfte Staffel – und ein Ende ist noch lange nicht in Sicht. Bis Anfang August 2001 werden unter der Regie von Sabine Landgraeber in der schönen Landschaft Angeln wieder viele neue Landarztgeschichten im Film festgehalten. Erster Drehtag war der Holländerhof in Wagersrott beim Kräuterdoktor Hinnerksen (gespielt von Gerhard Olschewski).

Auch gibt es für den Landarzt Dr. Teschner (Walter Plathe) einen neuen Kollegen. Nachdem Dr. Jens Kasperski (Timothy Peach) die Landarztpraxis verlassen hat, übernimmt ein junger Mediziner seine Praxis. Diese Rolle wird von dem Schauspieler Christian Schmidt verkörpert.

Im April gibt es zwei Daten mit jeweils einem besonderem Ereignis: Seit dem 26. April 1991 verkörpert Schauspieler Walter Plathe die Rolle des beliebten Dr. Ulrich Teschner (das Ereignis jährt sich also zum zehnten Mal) und am 28. April 1986 fiel auf Lindauhof die allererste Filmklappe mit dem Schauspieler Christian Quadflieg als Ur-Landarzt Dr. Karsten Mattiesen in der Hauptrolle (15 Jahre Fernsehserie „Der Landarzt").

In welchen Rahmen diese beiden Jubiläen gefeiert werden sollen, steht noch nicht fest. Das Publikum kann sich aber auf alle Fälle schon jetzt auf den Herbst 2001 freuen: dann werden die 26 neuen Landarztgeschichten jeden Freitagabend über den Sender gehen. **Lindaunis, 2001**

Im Jahr 2001 gab es Grund zum Anstoßen: 10 Jahre spielte Walter Plathe in dem Jahr die Rolle des Dr. Uli Teschner.

Renate Schroeter und Heinz Reincke bei Dreharbeiten auf dem Gut Lindauhof in Lindaunis im Jahr 2006.

Daniela Hoffmann, Thomas Balou und Victoria Sturm (von links) im Hof Lücke am 30. Juni 2003.

Dreharbeiten (unter anderem mit Edith Behleit im blauen Kleid) an der neuen Klappbrücke in Kappeln am 30. Juni 2003.

Von links: Victoria Sturm, Klaus Gehrke und Karina Thayenthal bei Dreharbeiten am Hafen von Kappeln am 30. Juni 2003.

Willi Gerk (links) und Walter Plathe lächeln um die Wette bei Filmarbeiten für neue Folgen des Landarztes in Damp im Jahr 2006.

Margot Nagel und Walter Plathe
in Kappeln (2005).

Karina Thayenthal und Walter Plathe.

Gerd Silberbauer und Karin Thaler bei Dreharbeiten in der Fördeklinik in Glücksburg am 27. September 2007.

Luise Bähr und Manou Lubowski am Set von „Der Landarzt" in Lindauhof am 18. Juli 2005.

In der Serie heißt die denkmalgeschützte Hofanlage des Gutes „Hof
Lücke" in Twedt „Schröderhof".

Gisela Lorenzen (Mitte, neben
Janina Hartwig) machte es Spaß, das
Landarzt-Team mit ihrem selbstge-
machten Rübenmus zu verwöhnen.

Rübenmus für Landarzt Dr. Teschner

Twedt. Auf dem „Ferienhof Lücke" in Buschau in der Gemeinde Twedt (unweit von Schleswig) werden derzeit einige Szenen für die Serie „Der Landarzt" aufgenommen. Besitzerin Gisela Lorenzen freut sich sehr, dass gerade ihr Hof für die Filmarbeiten ausgewählt wurde.

Der von der Loiter Au umgebene und liebevoll restaurierte „Hof Lücke" in Twedt steht unter Denkmalschutz. Seit 150 Jahren ist der Hof im Familienbesitz, das Wohnhaus wurde um 1763 errichtet und besteht aus einem schönen Fachwerk. Mitte der 1980er Jahre wurde der Kuhstall zu mehreren Ferienwohnungen umgebaut, welche ganzjährig für Urlauber zu mieten sind.

Ihr ganzer Stolz ist das so genannte Backhaus, in dem von Zeit zu Zeit noch Brot gebacken wird.

In der Serie erhält die denkmalgeschützte Hofanlage (ein Foto vom Hauptgebäude ist links zu finden) den Namen „Schröderhof".

An dieser Stelle der Erlebnisbericht von Kai Labrenz, der bei den Dreharbeiten dabei war: Endlich war es soweit, mit zahlreichen Fahrzeugen erreichte das Filmteam der „Terranova Film und Fernsehproduktion Otto Meißner KG" aus Berlin den „Ferienhof Lücke".

Sie hatten gerade die Dreharbeiten in Eckernförde abgeschlossen, nun sollte die Arbeit hier fortgesetzt werden. Doch bevor es mit dem Drehen weiterging, versorgte Gisela Lorenzen gemeinsam mit Bewohnerin Heidi Hösch die Crew mit einem Herzhaften typischen Angeliter Mittagessen. Sie hatten für das Filmteam selbstgemachten Rübenmus mit Kassler und Kochwurst vorbereitet. Das Essen kam bei der Landarztcrew so begeistert an, dass es dem Team anschließend schwer fiel, die Dreharbeiten fortzusetzen. „Jetzt ein Mittagstündchen machen", scherzte Walter Plathe der am 5. November seinen 50. Geburtstag feierte.

Doch daraus wurde nichts, er lernte bereits seinen Text für den nächsten Dreh. Nach Regieanweisungen von Sabine Landgraeber schälte Schauspielerin Janina Harting (in der Rolle der Frau Schröder) vor dem Haus ein paar Äpfel, bis Dr. Teschner (Walter Plathe) vorbei schaute. Im Wohnzimmer bekam sie vom Landarzt einen neuen Verband für ihren verstauchten Arm und ein besonderes Rezept. „Ein Mann auf Rezept" hatte Dr. Teschner der Frau Schröder auf dem Rezept verschrieben. Während der Drehpausen wurden gemeinsam mit den Bewohnern des Hofes und dem Filmteam beim Quittenschälen Rezepte ausgetauscht.

Noch bis spät in die Nacht hinein wurde fleißig gefilmt. In der Bohlenscheune sollte für Jens Halling (Thomas B. Martin) ein Schlafplatz gefunden werden. Am Abend gab es noch einmal warmen Rübenmus mit Kassler, welches das Filmteam dankend annahm.

Twedt, 2000

Thorsten Nindel (links) und Wolf-Dietrich Berg.

Walter Plathe und Karina Thayenthal in Eckernförde.

Kai Labrenz und seine Filmbiografie

Während seiner Ausbildung zum Bauzeichner in Husum entdeckte der gebürtige Schleswiger im Jahre 1978 erstmals seine Liebe zur Fotografie. Zückte er anfangs seine Kamera nur für persönliche Urlaubserinnerungen und Fotos für das Familienalbum, entwickelte sich schon bald aus der Leidenschaft eine wahre Berufung. Es folgten fachbezogene Architekturfotografien und Abbildungen für Kalender sowie diverse Zeitschriften.

Seit April 1993 ist Kai Labrenz bei einer Wochenzeitung als freier Journalist tätig. In seiner Heimatstadt Schleswig ist Labrenz bekannt für seine Reportagen und Fotoaufnahmen, die Hauptbestandteil dieses Buches sind. Im Rahmen seiner journalistischen Tätigkeit kamen ihm ranghohe Persönlichkeiten vor die Kamera, wie der russische Präsident Wladimir Putin und der damalige Bundeskanzler Gerhard Schröder während der 7. Deutsch-Russischen Regierungskonsultationen auf Schloss Gottorf. Veröffentlichungen in angesehenen Illustrierten, wie beispielsweise dem Spiegel folgten, ebenso auch die Veröffentlichung seiner Bilder in verschiedenen Kalendern.

In der Film-Fotografie hat sich Kai Labrenz ebenfalls einen Namen gemacht, von 1992 bis 2007 begleitete er die Dreharbeiten zur Serie „Der Landarzt". Auch zahlreiche andere Serien, Fernsehfilme und Kinofilme, die einen direkten Bezug zu Schleswig-Holstein haben, hat der leidenschaftliche Fotograf bebildert. Dazu gehören Serien wie „Gegen den Wind", „Die Strandclique", „Küstenwache", „Neues aus Büttenwarder", „Der Fürst und das Mädchen", „Morden im Norden", Folgen vom Schleswig Krimi „Unter anderen Umständen" und den Kieler „Tatort".

Fernsehfilme wie „Das geheime Leben meiner Freundin", „Prinz und Paparazzi", „Der Tote am Strand", „Die Tote am Deich", „Ein Mann im Heuhaufen", „Ich heirate meine Frau" und „Ein Mann im Heuhaufen" runden seine Filmbiografie ab. Auch an einigen Kinofilmen wie „Die blaue Grenze", „Sommer 04", „Nimmermeer", „Buddenbrooks", „Der Schatten", „Erbarmen" und ganz aktuell der Film"Bibi & Tina verhext, hat Kai Labrenz bei den Dreharbeiten Fotos machen dürfen. Bei den zahlreichen Produktionen waren hochkarätige Schauspieler am Set wie unter anderem Maximilian Schell, Hardy Krüger, Franco Nero, Armin-Mueller Stahl, Rüdiger Joswig oder Ludwig Haas.

Im Herbst 2002 konnte Labrenz hinter den Kulissen von „Wetten, dass..?" in der Kieler Ostseehalle fotografieren – eines seiner besonderen Fototermine.

Neben der Filmfotografie hat sich Kai Labrenz auf Aufnahmen aus dem Schleswiger Kulturleben und der Region seiner Heimat spezialisiert. Für das Schleswiger Duo „Timsen un Lui" erstellte er das Coverfoto für deren CD „Dat mutt", Timmsen spielt heute in der Erfolgsgruppe „Santiano" mit, ebenso für das Album „and the beat goes on..." von der Schleswiger Beatband „the beatniks". Zudem hat Kai Labrenz einige Bücher mit seinen Fotos bebildert. Mittlerweile befinden sich etwa 40.000 Fotos in seinem Archiv – ein Ende ist nicht abzusehen.

Kai Labrenz und die Schauspieler

Der Schleswiger Kai Labrenz war oftmals als einiziger Fotograf am Set. Somit begleitete er teilweise von morgens bis abends die kompletten Dreharbeiten eines Arbeitstages. Er hatte die Möglichkeit zu netten Gesprächen, aß zusammen mit der Filmcrew, Komparsen und Darstellern – und durfte auch exklusive Fotos machen, wie dieses Buch zeigt. Mit vielen Schauspielern war er per du. „Es war ein nettes Miteinander mit der Landarzt-Crew bis zum Jahr 2007. Dann folgte ein Wechsel des Hauptdarstellers", sagt Kai Labrenz. „Mit diesem Wechsel hat sich alles grundlegend geändert – und es lag nicht an der Filmcrew. Schließlich waren auch mit dem neuen Darsteller die meisten Leute hinter der Kamera noch immer dabei und die haben mich dann selbst verwundert gefragt, warum ich denn nicht mehr so oft am Set anzutreffen bin", ergänzt der gelernte Bauzeichner. Die Bedingungen am Set hätten sich seit 2007 negativ verändert. An dieser Stelle sind vier Fotos zu sehen, die den Landarztfotografen Labrenz mit Darstellern der Arztserie zeigen.

Foto: Privat / Archiv Labrenz

Edith Behleit spielt in der Serie die Bewohnerin von Deekelsen, Else Hildegard Jürgens. Auf dem Bild steht sie neben dem Landarztfotografen Kai Labrenz, dessen Bilder im Format 40 mal 60 Zentimeter an der Wand hängen.

„Till hat alles mitgemacht. Er war eine richtige Rampensau – mit ihm haben die Fotos immer viel Spaß gemacht", erinnert sich Kai Labrenz.

Till Demtrøder spielt in der Serie Wanja Teschner, den Sohn von Uli Teschner (gespielt von Walter Plathe). In der Filmrolle agierte Demtrøder als Rechtsanwalt von Deekelsen.

Das Foto links zeigt den sympathischen Schauspieler zusammen dem Fotograf Kai Labrenz.

Gerd Silberbauer (links) und Kai Labrenz bei Dreharbeiten auf dem Gelände von Gut Lindauhof im Jahr 2004.

Das Bild unten zeigt Kai Labrenz im Gespräch mit Walter Plathe (rechts). Beide hatten stets viel Spaß bei den Dreharbeiten von „Der Landarzt".

Fotos (3): Privat / Archiv Labrenz

85

Mit Kai Labrenz auf den Spuren der Drehorte

Fotos (6): Matthias Röhe

In den einzelnen Folgen fallen immer wieder Ortsnamen wie Flensburg, Kappeln, Eckernförde, Kiel oder beispielsweise Süderbrarup. Somit steht fest: Deekelsen muss irgendwo in Schleswig-Holstein sein. Unverwechselbar ist die einzigartige Landschaft an der Schlei. Überall gelbe Rapsfelder, reetgedeckte Häuser und nette Menschen. Gerade deshalb machen sich jedes Jahr Tausende von Besucher auf, das nördlichste Bundesland zu besuchen.

Wenn dann die meist gestellte Frage in Kappeln, Eckernförde oder Süderbrarup („Wo ist Deekelsen?") mit dem Wort „hier!" beantwortet wird, verdrehen die Touristen meist ungläubig ihre Augen. Aber es stimmt! Deekelsen ist ein fiktiver Ort und auf keiner Landkarte zu finden. Deekelsen ist tatsächlich „hier", wenn ein Tourist in Kappelns Innenstadt, am Bahnhof von Süderbrarup oder am Hafen von Maasholm danach fragt. Auch Kai Labrenz bekommt diese Frage oftmals gestellt und gibt als Antwort, dass die Serie zu einem großen Teil im gesamten Stadtgebiet von Kappeln an der Schlei, aber auch an vielen anderen Orten in Angeln und Schwansen gedreht wird. So kann es in der Serie vorkommen, dass ein Darsteller mit dem Fahrrad innerhalb von zehn Minuten eine

Strecke bewältigt, für die er normalerweise mehrere Stunden benötigen würde. Wie Kai Labrenz weiß, spielt sich das Hauptgeschehen von Deekelsen im Hafenstädchen Kappeln ab. Dort hatte der Serienexperte die meisten Fototermine. Der Stammtisch, an dem sich Hinnerksen, Teschner und beispielsweise die beiden Dorfpolizisten regelmäßig treffen, befindet sich in einem Hotel und Restaurant gleich neben der St. Nikolaikirche. Gar nicht zu verfehlen, denn der Inhaber dieses Hotels wirbt mit dem Schriftzug „Landarztkneipe".

Und in einem Schaukasten direkt am Eingang des Hotels steht der Schriftzug „Landarztkneipe", so dass ein jeder Serienfan den Drehort leicht findet.

Gleich nebenan steht die St. Nikolaikirche. Sie gehört zu den schönsten Barockkirchen Schleswig-Holsteins. Dort haben die Pastoren Eckholm und Engel und zuletzt Pastorin Renate Sabel ihre Predigten abgehalten. Auch das Rathaus, die Berufsschule und das Hauptzollamt von Kappeln finden sich in Deekelsen wieder. In letzterem dreht das Filmteam Innenszenen der Polizeiwache, weil es im „echten" Revier zu eng geworden ist. Wenn Dr. Teschner einen Ausflug mit einem Boot macht, legt er meist im Hafen von Kappeln ab. Aber nicht nur: Oftmals sind auch die Häfen von Eckernförde, Arnis, Sieseby und Maasholm Filmkulisse.

„Es kommt schon mal vor, dass die eine Kameraeinstellung im Hafen von Maasholm, der so genannte Gegenschuss – also die entgegen gesetzte Kameraeinstellung – hingegen im Hafen von Arnis gedreht wird", sagte ein Location-Scout bei Dreharbeiten im Jahr 2007. Dies habe meist optische Gründe. Viele Drehorte des Landarztes liegen in einem Umkreis von etwa 30 bis 40 Kilometer rund um Kappeln. Es ist eine Urlaubregion, die Strand, Rad und Wanderwege, idyllische Dörfer und Gutshäuser sowie zahlreiche Sportmöglichkeiten bietet: unter anderem Segeln, Hochseeangeln, Tennis, Reiten, Radfahren, Rudern.

Der **Bahnhof von Deekelsen** ist in Süderbrarup. Einmal im Jahr ist hier Schleswig-Holsteins größter ländlicher Jahrmarkt aufgebaut, also ein Anziehungspunkt für Touristen und Einheimische. Auch wenn das Drehteam am Bahnsteig eine Szene drehte, stürmten zahlreiche Schaulustige dorthin, während sich die Zug-Reisenden die Nase an der Fensterscheibe platt drückten. Bahnhofstraße, 24392 Süderbrarup.

Die Zeitungsredaktion des **„Deekelnser Bote"** befindet sich in der Schmiedestraße 11 in Kappeln. In der Realität ist dort ein Zeitungsverlag mit einer Lokalredaktion ansässig. Es handelt sich um ein historisches Fachwerkhaus inmitten der Fußgängerzone von Kappeln. In den 1980er Jahren wurden hier Innen- und Außenaufnahmen gedreht.

Die Seriendarsteller üben immer wieder diese und weitere typische Sportarten aus – und so manch eine Institution oder Sportstätte dient als Kulisse. Die „Landarztpraxis" befindet sich auf dem Gut Lindauhof in Lindaunis. Seit 1981 steht das Gut unter Denkmalschutz und ist in der Vergangenheit schon mehrfach Filmkulisse für verschiedene Filmprojekte gewesen.

Das Hotel von Mark Bohm, welches er bis 1998 hatte, befindet sich in der Mühle „Steinadler" in Westerholz, von hier aus hat der Besucher einen schönen Blick über die Flensburger Förde bis hin zur dänischen Südküste. Eine wirklich sehenswürdige Mühle, die erst im Jahr 2007 neu hergerichtet wurde. Gespräche mit dem Filmteam wurden geführt und vielleicht ist die Mühle in den neuen Folgen wieder öfter in der Serie zu sehen. Zur Zeit hat Wirt Mark Bohm ein neues Landgasthaus. Es befindet sich im „Kuhhaus" auf dem Gut Damp. Das Gut Damp ist in privatem Besitz. Es verfügt über das Restaurant "Kuhhaus" und einen Antiquitätenhandel. Das Herrenhaus und der Wirtschaftshof der Anlage sind von Wassergräben umgeben und durch Brücken miteinander verbunden. Vom Parkplatz aus bekommt der Besucher einen Eindruck von dem Anwesen. Das Reet gedeckte „Kuhhaus" ist für Innenaufnahmen für Drehteams bestens geeignet. Eine relativ hohe Decke, viel Platz und vorallem ausreichend Parkplätze für den meist umfangreichen Fuhrpark.

In einigen Folgen des Landarztes fährt schon mal der eine oder andere Zug durchs Bild. Die Familien Mattiesen und Teschner stehen auch ab und an am Bahnsteig und warten auf den Zug, um dort jemanden abzuholen. Aber wo ist denn der Bahnhof von Deekelsen? In Damp? In Kappeln? In Eckernförde?

Des Rätsels Lösung: Der Bahnhof von Deekelsen liegt in Süderbrarup (kleines Foto auf Seite 87). Oftmals drücken sich Bahnreisende die Nasen platt, wenn die Kamera auf dem Bahnsteig surrt, mehrere Scheinwerfer auf dem Bahnsteig platziert sind und Dr. Uli Teschner oder andere Bewohner von Deekelsen in den Zug ein- oder aussteigen.

Der Friedhof von Deekelsen ist mal in Boren, mal in Ulsnis. „Ich bei Dreharbeiten sowohl in Ulsnis, als auch in Boren dabei", sagt Kai Labrenz.

Die Gärtnerei von Gräfin Bea ist in Gelting zu finden, der Kräuterdoktor Hinnerksen wohnt im historischen Holländerhof in Wagersrott. Im Holländerhof befindet sich ein Dorfmuseum, das besichtigt werden kann. Wenn Sie sich einmal auf die Bank setzen wollen,

auf der schon in den ersten Staffeln Olga Platz genommen hat, dann müssen Sie nach Maasholm zum Gut Oehe fahren. Das Hotel von Hanusch steht im wirklichen Leben in Eckernförde (Hotel

neben der Stadthalle). Und die Praxis von Dr. Brenner ist in der Margarethenklinik in Kappeln zu finden. Der Uhrenladen „Hochneder" ist in Ulsnis zu finden. Ein Ausflug in die Lüfte gefällig? Wenn ein Bewohner von Deekelsen mit einem Flugzeug den Ort von oben betrachtet – in zahlreichen Folgen sind Segelflugzeuge zu sehen – dann werden die Aufnahmen meist auf dem Flugplatz Flensburg-Schäferhaus oder adäquat auf einem Flugplatz direkt am Nordostsee-Kanal (bei Jevenstedt) gemacht. Erkältungen, Kopfschmerzen oder einfach nur Husten kommen natürlich auch in Deekelsen vor. Wer von den Betroffenen in eine Apotheke geht, um sich mit Medikamenten einzudecken, stattet der Apotheke in Satrup einen Besuch ab.

Frisches Obst und Gemüse wird meist auf dem Wochenmarkt in Kappeln eingekauft. In älteren Folgen war auch schon mal der Wochenmarkt in Flensburg (auf dem Südermarkt) zu sehen. Krankenhaus-Szenen werden auf dem Hesterberg in Schleswig in einem Personalgebäude der Krankenklinik gedreht. Beliebte Kulisse sind auch das Ufer Schausende an der Flensburger Förde bei Glücksburg, die Mühle Amanda in Kappeln, der Strand von Missunde und die Apotheke im dänischen Tønder. Das Café von Maren Jantzen und ihrer Mutter ist in Wirklichkeit ein Café im Ort Ulsnis.

Aber dies ist noch nicht alles. Würde man wirklich jeden einzelnen Drehort von Deekelsen wiedergeben, könnte das gesamte Buch „Diagnose langlebig – Der Landarzt" gefüllt werden. So vielseitig und weitläufig ist Deekelsen – das gesamte östliche Schleswig-Holstein. Begeben Sie sich auf die Spuren des Landarztes und besuchen Sie die Kulissen; das Ganze natürlich rezeptfrei.

Die Mühle „Steinadler" liegt in einem abwechslungsreichen Feriengebiet in Angeln an der Flensburger Förde. Der nahe gelegene Strand mit seinen Steilküsten und Wäldern lädt nicht nur zum Baden ein, sondern auch zum Wandern.

In den ersten Staffeln wurden in dieser Mühle Innenaufnahmen der **Kneipe von Mark Bohm** gedreht. Haffstraße 12, 24977 Westerholz.

Hans-Georg Panczak spielt Wirt Mark Bohm.

Fotos (3): Matthias Röhe

Ab 2001 wurden die Innenaufnahmen der **Kneipe von Wirt Mark Bohm** in dem „Kuhhaus" auf dem Gut Damp gedreht. Das Gut Damp ist in privatem Besitz. Es verfügt über das Restaurant „Kuhhaus" und einen Antiquitätenhandel. Der Ort Damp liegt direkt an der Ostsee.

Der Stammtisch, an dem sich Hinnerksen, Teschner und beispielsweise die beiden Dorfpolizisten regelmäßig trafen, befindet sich in einem Hotel und Restaurant gleich neben der St. Nikolaikirche in Kappeln.

Fotos (5): Matthias Röhe

Der Holländerhof in Wagersrott war Wohnhaus und Praxis von **Kräuterdoktor Hinnerksen** (Gerhard Olschewski). Auch seine Frau Gertrud (Franziska Troegner) lebte und arbeitete auf dem Hof. Zu finden: Holländerhof, 24392 Wagersrott.

Die **Gärtnerei** von Gräfin Bea (Gisela Trowe) ist in 24395 Gelting zu finden, Schmidsberg 8.

Helmut Zierl spielt den Apotheker von Deekelsen. Drehort war die historische **Apotheke** in der Schleswiger Straße 1 in 24986 Satrup.

Von 1986 (Ausstrahlung 1987) bis 2012 (2013) praktizierte „Der Landarzt" im schönen Deekelsen und hatte seitdem eine treue Fangemeinde. Etwa vier Millionen Fernsehzuschauer schauten sich die Serie regelmäßig an. Ihre **Praxis** hatten die Landärzte Mattiesen, Teschner und Bergmann jeweils im Gutshaus Lindauhof, Lindauhof 4 in 24392 Boren / Lindaunis. Der Ort liegt am romantischem Schleiarm Lindauer Noor, unweit der Schleibrücke entfernt. Lindaunis ist etwa 13 Kilometer von Kappeln entfernt.

Auf dem Mattiesenhof befand sich eine **Gemeinschaftspraxis**. An der Seite von Dr. Uli Teschner (Walter Plathe) praktizierte dort Dr. Moritz Roßwein (Christian Schmidt) in einigen Folgen, bevor in der Folge 182 „Über den Schatten springen" Physiotherapeut Nicolas Brenner (Manou Lubowski) die Praxis eröffnete.

Sämtliche Beerdigungsszenen wurden meistens auf dem Friedhof in Boren, unweit der Ortschaft Lindaunis, gedreht. **Der Friedhof** von Boren liegt auf einer Art Hügel und ist mit einer kleinen Kirche versehen. Um das Friedhofsgelände herum sind im April / Mai Rapsfelder zu bestaunen.

Die Polizeistation von Deekelsen befindet sich in Kappeln (Arnisser Straße 1). Dort machten Heitmann und Schliesser ihren Dienst, während die Deekelsener Cops Olsen und Paetz im Hauptzollamt am Hafen für Recht und Ordnung sorgten. In der Realität ist dort eine Außenstelle des Hauptzollamtes Kiel untergebracht (Am Hafen 11).

Die **Schule**, in der Annemarie Mattiesen unterrichtete, befindet sich ebenfalls in Kappeln (Gymnasium Klaus-Harms-Schule, Hüholz 13).

Eine wunderschöne Kulisse: gelbe Rapsfelder und mittendrin eine weiße Kirche.
Je nach Verfügbarkeit wurde auch der Friedhof in Ullsnis für Friedhofsszenen benutzt.
Anschrift: Boren 12, 24392 Boren.

Die Kirche in Boren diente oftmals als Filmkulisse.

Rechts der Grabstein von Dr. Karsten Mathiesen.

Bis Anfang der 22. Staffel hatte Maren Jantzen zusammen mit ihrer Mutter Doris den **Gasthof Jantzen**. Gedreht wurden sämtliche Innen- und Außenaufnahmen im Café Krog in Ulsnis. Während der Dreharbeiten war es nicht ungewöhnlich, wenn man die Schauspielerinnen Caroline Scholze und Erika Skrotzki dort antraf – beide Frauen waren die Hauptfiguren rund um den Gasthof Jantzen, der nur wenige Meter von der Schlei entfernt liegt. Das Gebäude ist zu finden im Kirchenholz 13 in 24897 Ulsnis.

Beliebte Kulisse: **Der historische Baum,** neben dem die Sitzbank stand, auf der schon Dr. Mattiesen und Olga saßen. Auch Pastor Eckholm hielt hier viele Gespräche mit seinen Gemeindemitgliedern. Zu finden sind Bank und Baum auf dem Gut Öhe bei Maasholm.

In diesem Reetdachhaus (Hof Lücke, 24894 Twedt) leben Ines Halling (Daniela Hoffmann) und Jens Halling (Thomas Balou Martin). Es ist das gemeinsame **Wohnhaus des Paares Halling** und ist in der Realität in der Ortschaft Twedt (zwischen Twedt und Loit) zu finden.

Wenn in einer der Landarzt-Folgen der **Hafen von Deekelsen** zu sehen ist, wurde die Szene entweder am nördlichen oder südlichen Hafen von Kappeln, oder dem Segelhafen in Maasholm oder auch in Arnis (Deutschlands kleinster Stadt) gedreht. Die Werft beispielsweise ist in der Realität dort zu finden.

Von der 21. Staffel an diente das Restaurant im Pierspeicher als neue Kulisse für den **Stammtisch** rund um Dr. Bergmann. Idyllisch an der Schlei gelegen bot er der Filmcrew Möglichkeiten, lustige Gespräche der Deekelsener aufzunehmen.

Beliebte Kulisse, wenn Dr. Jan Bergmann mit Maren Jantzen am **Strand von Deekelsen** reitet: Falshöft. Im Hintergrund dieser Leuchtturm (Gammeldamm 5, 24395 Pommerby) und die leichte Steilküste. Viele Strandszenen wurden allerdings nicht direkt in Falshöft gedreht, weil dort der Strand relativ schmal ist. Die Filmcrew fuhr stattdessen ins wenige Kilometer entfernte Schönhagen; dort boten die Steilküste und der langläufige Strand ideale Drehbedingen.

Szenen in einem **Gerichtssaal** entstanden im damaligen Amtsgerichtsgebäude in der Gerichtsstraße 1 in Kappeln. Bis 31. März 2007 diente das Gebäude als Filmkulisse, danach wurde es aufgelöst und dient seitdem als Polizeizentralstation.

Wenn Pastor Eckholm seine Gemeinde in der **Kirche von Deekelsen** begrüßte, tat er es in der Realität in der St.-Nikolai-Kirche. Die hübsche Barockkirche befindet sich in Kappeln am Rathausmarkt und wurde von 1789 bis 1793 nach Plänen von Architekt Adam Richter gebaut. Sämtliche Innenaufnahmen wurden dort gedreht.

Der Ort Deekelsen hat auch einen **Flugplatz**. In der Realität befindet er sich in der Lecker Chaussee 127 in Flensburg. Das Foto unten zeigt das Drehteam auf dem Flugplatz Schäferhaus, auf dessen Gelände immer wieder diverse Aufnahmen entstanden. Stand der Flugplatz mal nicht für einen Drehtag zur Verfügung, so wurde auf einen Flugplatz in der Nähe von Jevenstedt (Nahe dem Nordostseekanal) ausgewichen. Dies kam aber selten vor.

Auch die **Schleifähre** Missunde war stets beliebte Filmkulisse. Auf dem Foto unten fährt Dr. Uli Teschner mit seinem Wagen gerade mit der Fähre von der einen zur anderen Seite der Schlei.

Fotos (4): Matthias Röhe

Innen- und Au-ßenaufnahmen vom **Wiesnerhof** entstanden in der Realität auf dem Gelände vom Gut Pageroe. Das historische Gutshaus ist in der Nähe von Ekenis direkt an der Schlei. Pageroe 6, 24392 Pageroe / Ekenis.

Wenn Dr. Herbert Roßwein in einem **Krankenhaus** im Fernsehen operierte, wurden diese Szenen meist in einem leer stehenden Krankenhausgebäude (Haus 1) im Klinikum Schleswig gedreht. Anfangs waren auf dem Gelände der Fachklinik chirurgische, neurologische und innere Abteilungen – also auch Operationsräume. Und genau in diesen Räumen und Sälen entstanden die meisten Innenaufnahmen des Krankenhauses von Deekelsen.

In den letzten beiden Staffeln benutzte die Filmcrew auch Gebäude eines leer stehenden Krankenhauses in Berlin.

Kappeln spielt eine der Hauptrollen der Serie. Im Fernsehen heißt die Schleistadt Deekelsen. Ein idyllischer Ort im Norden Schleswig-Holsteins.

5 Fragen, 5 interessante Antworten

Was war dein schönstes Erlebnis am Set von der Landarzt?
Kai Labrenz: *Das waren die Unfälle wo viel Action war, wie zum Beispiel in den Ortschaften Weidefeld, Tolk und Wippendorf. Dort gab es tolle Fotomotive mit Hubschrauber, Stuntrampen wo die Autos durch die Luft flogen und auf der Wiese landeten. Bei diesen Terminen war ich den ganzen Tag am Filmset.*

Welchen Schauspieler konntest du besonders gut fotografieren und warum?
Kai Labrenz: *Das war eindeutig Schauspieler Walter Plathe. An einem Drehtag spielte er beispielsweise Vormittags den Doktor in seiner Arztpraxis. Am Nachmittag war er der fürsorgliche Vater, der mit seinem Sohn Benni (Leon und Jakob Hilcken) das Teddybär Museum in Schleswig besuchte. Nach einem anstrengendem Tag war ein Spaziergang mit seiner Frau Jutta (Karina Thayenthal) an der Schlei genau das Richtige. Manche Dreharbeiten dauerten bis in die Nacht hinein.*
Mit Walter Plathe war es eine besonders schöne Zeit. Nett, umgänglich, menschlich. Über seinen Nachfolger kann ich all dies nicht sagen. Ich hatte aber auch keine Möglichkeit, ihn kennenzulernen. Wir Fotografen durften ja nur einmal im Jahr zu einem offiziellen Fototermin – zu Zeiten von Walter Plathe war das anders.

Die Serie gibt es ja nun nicht mehr. Vermisst du die Fototermine am Set?
Kai Labrenz: *Ja, aber sicher. Und ich vermisse nicht nur die Fototermine, sondern auch die ganze Filmcrew samt Schauspieler. Die Gespräche am Set waren sehr vielseitig, wir hatten viel Spaß! Ich fühlte mich der Familie zugehörig. Ich wurde gern gesehen und immer Willkommen geheißen. Es war eine schöne Zeit.*

Welches ist dein schönstes Fotomotiv vom Landarzt und warum???
Kai Labrenz: *Aus etwa 5.200 Fotos ist es nicht leicht „das" schönste Fotomotiv herauszufinden.*
Dennoch bin ich fündig geworden: Es zeigt den Landarzt Uli Teschner, der umgeben von seinem PKW und Rettungswagen einem Rettungshubschrauber hinterher schaut. Warum es das schönste Foto ist, kann ich mit den Worten „der Gesichtsausdruck von Walter Plathe drückt etwas Nachdenkliches aus" beantworten.
Die Frage, die hinter dem Foto steckt: wird Bewohner Mark Bohm, der mit seinem PKW verunglückte, diesen schweren Unfall überleben? Das Foto entstand im August 2003 auf einer verkehrsberuhigten Landstraße in der Nähe von Gelting. Die gesamte Szene wurde nur einmal gedreht – es war ein wunderschöner Tag. Auch hier durfte ich als einziger Fotograf von morgens bis abends die Dreharbeiten begleiten.

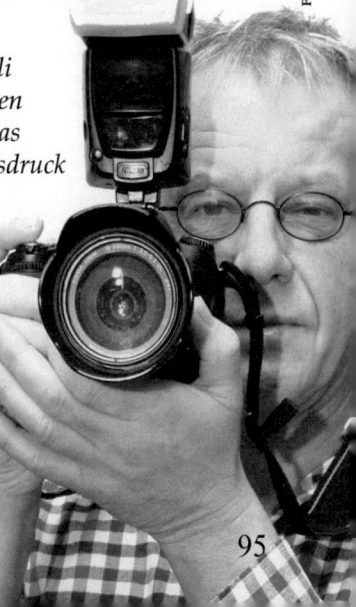

Foto: Matthias Röhe

95

Wo war es für dich leichter zu fotografieren: bei den Innen- oder Außenaufnahmen?

Kai Labrenz: *Die Außenaufnahmen waren für mich die besten Motive. Erstens wegen dem Erkennungswert der Schleswig-Holsteinschen Kulisse; wie dem typischen Rapsfeld, den Kirchtürmen, den Gutshöfen und der Schlei. Zweitens war für alle Beteiligten am Filmset viel Platz zum Arbeiten. Das war bei Außenaufnahmen klar ein Vorteil, dort konnte ich bestens fotografieren. Eine Möglichkeit, die in den zumeist sehr engen Innenräumen nicht vorhanden ist. Immerhin besteht so ein Filmteam aus locker 20 Mitgliedern – plus Darsteller. Da waren Außenaufnahmen für mich immer das Beste.*

Das schönste Foto von den Dreharbeiten

Walter Plathe leistete bei einem Verkehrsunfall erste Hilfe. Nun schaut er einem Rettungshubschrauber hinterher (nicht im Bild).
Das Foto drückt laut Fotograf Kai Labrenz Hoffnung, Angst, Wehmut und Bangen aus.

Auch bei der (fast) letzten Filmklappe dabei

Im 25. Ausstrahlungsjahr hat das ZDF die Kult-Serie abgesetzt. Ein Schock für alle „Landarzt"-Fans, damit gehört die Arztserie der Vergangenheit an, ebenso wie der fiktive Ort Deekelsen.

Am 3. Oktober 2012 – dem Tag der Deutschen Einheit und somit einem Feiertag – gab die Novafilm Fernsehproduktion Berlin überraschend das Aus bekannt. Auf der Internetplattform „Facebook" postete das Unternehmen: „Cut! Der Landarzt ist abgedreht. Für immer." Auf dem Abschlussfest für die 22. Staffel habe man sich von dem „tollen Team" verabschieden müssen.

Gerüchte hatte es schon vorab gegeben. Doch das ZDF hielt sich auf Anfrage ebenso bedeckt wie die Produktionsfirma, die nur das Staffelende bestätigen wollte. Dann die Kehrtwende: Novafilm war selbst kurzfristig über die Entscheidung des ZDF informiert worden und schrieb: „Unser Dank gilt allen, die ihren Teil dazu beigetragen haben, dass ‚Der Landarzt' in dieser Qualität hergestellt werden konnte und den vielen Millionen Menschen, die das Programm mit Freude einschalten."

Warum das plötzliche Serien-Aus? „Das ZDF wird im Rahmen der kontinuierlichen Programmerneuerung die Vorabendserie Der Landarzt' nicht fortsetzen. Darüber wurde die betreffende Produktionsfirma bereits informiert", gab Iris Käsche von der Pressestelle bekannt. „Für den Sendeplatz am Freitagabend um 19.25 Uhr werden neue Formatideen entwickelt. Zur kontinuierlichen Modernisierung eines TV-Programms gehört auch der gelegentliche Abschied von lang laufenden Formaten. Sonst gäbe es keine Sendeplätze für Neuentwicklungen", so Käsche weiter. Kaum jemand am Set konnte die Entscheidung des ZDF verstehen. Kai Labrenz war am 29. September, an einem der letzten Drehtage, am Set. Hier seine Motive, die er dort einfangen konnte.

Die Filmklappe vom 29. September 2012. Gedreht wurde die Szene 10-8/5 der 22. Staffel, die zweimal wiederholt wurde.

Schauspielerin Edith Behleit (links) und Regisseurin Ulrike Hamacher mit einer der letzten Filmklappen in der Hand.

Kai Labrenz's Fotos in Filmbüchern

Keine andere Region Schleswig-Holsteins hat in den vergangenen Jahrzehnten so oft und so regelmäßig die Kulisse in Film- und Fernsehfilmen abgegeben wie die Schleiregion mit Angeln und Schwansen. Mit diesem Reisebegleiter streift der Leser durch die Schleiregion, insbesondere an jene Schauplätze, die einem Millionenpublikum aus Serien, Mehrteilern und Fernsehfilmen bekannt sind. „Wo liegt denn eigentlich Deekelsen?", fragen Touristen immer wieder. Gedreht wird „Der Landarzt" seit 1986 zu einem großen Teil in Kappeln an der Schlei, aber auch an vielen anderen malerischen Orten in einem Umkreis von etwa 30 Kilometern in der Hügellandschaft Angelns.

Zahlreiche weitere beliebte Film- und Fernsehprojekte wurden und werden ebenfalls in dem landschaftlich reizvollen Gebiet zwischen Schlei und Ostsee produziert, wie beispielsweise „Onkel Bräsig", „Bauern, Bonzen, Bomben", „Der Stechlin", „Der Fürst und das Mädchen", sowie „Da kommt Kalle". Die Schleiregion mit Angeln und Schwansen ist eine Urlaubsregion, die Strand, Rad- und Wanderwege, idyllische Dörfer und Gutshäuser sowie zahlreiche Sportmöglichkeiten bietet. „Die Schleiregion – eine Landschaft wie im Film", ISBN: 978-3-8042-1184-1. Boyens Buchverlag, (2007).

Schleswig Holstein ist ein wunderbares Ferienland. Zwischen Nord- und Ostsee liegen die typischen Rapsfelder unter blauem Himmel. Dieses Buch zeigt, dass Schleswig Holstein häufig auch als Filmkulisse dient. Die Anzahl der Film- und Fernsehproduktionen, die in dem Buch „Filmland Schleswig-Holstein" zusammengetragen wurden, ist schon beachtlich.

Umfangreich und schön bebildert, sowie mit vielen Informationen zu Dreharbeiten, Sendeterminen, Schauspielern und vielem mehr zeigt dieses Buch, dass eben nicht nur die typischen Rapsfelder das Land prägen, sondern auch eine

Vielzahl wunderbarer (Dreh-)Orte, mit vielen „filmtauglichen" Herrenhäusern, Gutshöfen und sonstigen Bauwerken. Kai Labrenz hat ordentliche Arbeit geleistet und interessante Fotos für das Nachschlagewerk über das Filmland Schleswig Holstein zusammengetragen. „Filmland Schleswig-Holstein", Boyens Buchverlag, ISBN: 978-3-8042-1138-4 (2004).

Gerd Silberbauer (links), Fotograf Kai Labrenz und Walter Plathe (rechts) zeigen stolz das Nachschlagewerk „Filmland Schleswig-Holstein" in die Fotokamera.

Fotos: Privat / Archiv Labrenz, Buchcover: Boyens Verlag

Weitere Produkte von Matthias Röhe

Danke Landarzt – 26 Jahre rezeptfreie Unterhaltung

„Der Landarzt", ein Projekt, das sich im Laufe der Zeit zu einer der erfolgreichsten Familienserien im deutschen Fernsehen entwickelt. Die Serie mit Christian Quadflieg, Walter Plathe und von 2008 bis 2012 mit Wayne Carpendale in der Hauptrolle ist einer der wenigen Dauerbrenner auf dem Fernsehbildschirm. Zudem ist sie eine der am längsten laufenden Arzt- beziehungsweise Familienserien in der Fernsehgeschichte. In diesem Buch stellt Autor Matthias Röhe die Darsteller vor, beschreibt die Drehorte der Serie und zeigt eine Auflistung aller bisher gezeigten Folgen. Das große Landarzt-ABC mit Begriffen rund um die Serie, Interviews mit Gerhard Olschewski, Franziska Troegner und weiteren Darstellern, eine umfangreiche Vorstellung prominenter Gastdarsteller runden den Inhalt dieses Buches ab. Das Highlight dürften die zahlreichen Fotos von den Dreharbeiten sein. Set-Fotos, Arbeitsfotos, Portraits und Szenenfotos stellen einen großen Teil dar. In Fanbuch für alle Landarzt-Fans. Von der ersten bis zur letzten Filmklappe (1986 bis 2012). Danke Landarzt – 26 Jahre rezeptfreie Unterhaltung. ISBN: 978-3-7357-7921-2. Preis: 9,99 Euro.

Nachschlagewerk übers „Großstadtrevier"

Montag für Montag gehen die Beamten des Hamburger Kommissariats 14 auf Streife und in der ARD auf Sendung. „Großstadtrevier" ist eine Vorabendserie, die seit dem Jahre 1986 mit großem Erfolg im deutschen Fernsehen läuft. Wenig Blutvergießen, dafür humorvolle Geschichten aus dem Polizeialltag. Es ist eine ideale Ergänzung zum Buch „Das 14. Revier" und allen anderen bisherigen Produkten dieser Serie. Viele Szenen- und Arbeitsfotos vom Set, ein Suchrätsel mit Begriffen zur Serie und Hintergrundinformationen zur TV-Serie! Es ist ein 114seitiges, informatives Buch. Infos über die genauen Drehorte, Portraits der Darsteller, allgemeine

Hintergrundinformationen über Dreharbeiten und eine große Fotostrecke mit schönen Motiven der Darsteller und Kulissen! Erschienen im September 2010 im Verlag Books on Demand, Norderstedt. ISBN-13: 978-3-8423-3033-7. Seitenzahl: 114. Preis: 9,99 Euro.

Diagnose langlebig: Der Landarzt

Es ist ein tolles Nachschlagewerk über die Fernsehserie „Der Landarzt". Ein interessantes Buch mit vielen Informationen über die TV-Serie, einer genauen Beschreibung „Wo ist Deekelsen" (den genauen Drehorten) und vielen Fotos von den Dreharbeiten. Tolle Setfotos, Szenenfotos, Portraits und Gruppenfotos von den Darstellern der Serie. Von den Anfängen mit Christian Quadflieg, Walter Plathe bis Wayne Carpendale. Ausführlich geht der Autor auf die Anfänge mit Uschi Glas ein, die während der Dreharbeiten schwanger wurde und die Filmarbeiten beenden musste. Gila von Weitershausen übernahm die Rolle der Annemarie Mattiesen, die den Fernsehzuschauern als beliebte Lehrerin aus Deekelsen bekannt ist.

Alle bis zum Jahr 2010 ausgestrahlten Folgen sind chronologisch aufgelistet, zudem stellt der Autor die Hauptdarsteller detailliert vor. Zudem gibt es das Kapitel „gestorben in Deekelsen". Dort beschreibt der Autor, wer in den vergangenen Jahren verstorben ist. Das Buch „Diagnose langlebig: Der Landarzt" gibt es unter www.FoTe-Press.de/produkte für den Preis von 9,99 Euro zu bestellen.

„Raubtierjournalismus – der Kampf ums beste Bild" beschreibt den Arbeitsalltag eines Fotografen, der Tag für Tag in den Pressegräben steht und am Roten Teppich prominente Persönlichkeiten abschießt. Ein Kampf ums beste Bild, denn neben ihm stehen Dutzende von „Kollegen", die einem das Leben ganz schön schwer machen. Tricks und Tipps, wie man gute Pressefotos fertigt und

hinterher über eine Agentur vermarktet, stehen in dem 148 Seiten umfassenden Buch. Wie kann man mit seinen Bildern Geld verdienen? Worauf kommt es bei einem Foto an? Wie sieht es mit den Rechten aus? Darf ich einfach Promis fotografieren und dann mit den Fotos machen, was ich will? Ein Hamburger Fotograf erzählt, wie er tagein und tagaus Pressetermine wahrnimmt, Fotos von Promis produziert, diese hinterher mit einem Programm fachgerecht beschriftet und bearbeitet und über eine Fotoagentur in Deutschlands Zeitungen und Zeitschriften bringt. Es ist ein langer Weg zu einer Veröffentlichung in einer Zeitung, Zeitschrift, Illustrierten oder einem Onlinemedium. Ein langer, ein kämpferischer Weg. In keinem anderen Beruf ist der Schritt vom Freund zum Feind so kurz, wie bei den Pressefotografen. Eben noch freundschaftlich geplaudert, steht auf einmal ein Feind neben einem. Mit allen Mitteln geht es hier um das beste Bild. Gerangel, Geschubse, Gedränge, Geschrei – immer wieder Beleidigungen, Verleumdungen, Manipulationen, Diebstähle. All dies gehört zum Berufsbild Pressefotograf dazu. ISBN-13: 978-3-8391-6680-2, Preis: 11,99 Euro.

Die Kultbullen aus Hamburg

Anfang 1986 fällt die erste Filmklappe — am 16. Dezember des gleichen Jahres wird die erste Folge unter dem Titel „Mensch, der Bulle ist `ne Frau" ausgestrahlt. Die Serie Großstadtrevier ist geboren und vom ersten Tag an erfolgreich. So erfolgreich, dass gleich nach Ausstrahlung weitere Folgen produziert und gesendet werden. Heute schreiben wir das Jahr 2011 und noch immer werden in Hamburg und Umgebung Folgen für diese Serie gedreht. Zwar sind in der Zwischenzeit viele Köpfe gerollt, aber Witz und Charme sind geblieben. Bemerkenswert: in den vergangenen 25 Jahren gab es nicht mal zehn Todesfälle in der Serie und wenig Blutvergießen.

In dem Buch „Die Kultbullen aus Hamburg" werden Höhe- und Tiefpunkte der vergangenen 25 Jahre skizziert. Es ist eine ideale Ergänzung zu allen bisherigen Produkten der TV-Serie. Die Hauptdarsteller von 1986 bis heute (von Arthur Brauss, Kay Sabban, Mareike Carriére über Peter Neusser, Dorothea Schenck und Edgar Hoppe bis hin zu Jan Fedder, Marc Zwinz und Sophie Moser) werden vorgestellt.

Es gibt Suchrätsel mit Begriffen zur Serie, Interviews mit einigen Darstellern, die prominenten Gastdarsteller werden vorgestellt. Zahlen, Daten, Fakten über die TV-Serie „Großstadtrevier" werden gegeben. Eine Auflistung aller bisher ausgestrahlten Folgen runden den Inhalt ab – außerdem gibt es das Kapitel „300. Folge „Großstadtrevier" mit Informationen über die Dreharbeiten in Bad Segeberg.

Außerdem sind in diesem Buch ganz viele Fotos von den Darstellern, Arbeitsfotos, Setbilder und viele Portraits zu finden!
Erschienen im August 2011 im Verlag Books on Demand, Norderstedt. ISBN-13: 978-3-8423-7329-7. Seitenzahl: 124. Preis: 9,99 Euro.

Gleicher Inhalt, gleicher Name. Aber in diesem Buch sind weit über 370 tolle Farbfotos – und darüber hinaus zahlreiche weitere Fotos in schwarzweiß zu sehen. Auf 104 Seiten finden Sie auch in diesem Nachschlagewerk alles Wissenswertes zur Polizeiserie „Großstadtrevier". Erschienen am 27. Oktober 2011, ISBN: 978-3-8423-8349-4. Preis: 11,99 Euro, Books on Demand, Norderstedt.

Hamburg: eine Stadt wie im Film

Hamburg ist Anziehungspunkt für zahlreiche Film- und Fernsehmacher. Täglich entstehen etliche Sendeminuten in der Millionenmetropole an Elbe, Alster und Bille. Es gibt keinen Stadtteil, der nicht von Filmemachern als Kulisse dient. In seinem Buch „Hamburg – eine Stadt wie im Film" verrät Autor Matthias Röhe Kulissen vieler Serien und Filme. Wo beamen sich die Mädels aus „Emmas Chatroom" nach Hamburg? In welchem Stadtteil ermitteln die Pfefferkörner? Wo ist das Revier 14 aus dem Großstadtrevier? Wo jagen die Wächter aus „4 gegen Z" den gemeinen Zanrelot? Wo steht das Kriminaltechnische Institut der Gerichtsmedizinerin? Der Autor gibt Basisangaben der Serien und Filme, beschreibt die Drehorte und zeigt eine Auswahl an Fotos. Hamburg zieht nicht nur Filmemacher in die Stadt, sondern die Hansestadt an der Elbe zeigt sich als idealer Medienstandort. Ein Streifzug durch die Medienlandschaft Hamburgs. Hamburg ist viel mehr als nur Schauplatz und Drehort. Zahlreiche Prominente aus Film und Fernsehen leben in der Hansestadt. Sie haben Hamburg zu ihrem Dreh- und Angelpunkt gemacht. Drei Themen, ein Buch: „Hamburg – eine Stadt wie im Film": ISBN 978-3-8391-1389-9, BoD, Preis: 9,99 Euro.

Drehort Hamburg

104 Stadtteile – unzählige Kulissen. Hamburg ist Anziehungspunkt für Film- und Fernsehmacher. Täglich entstehen etliche Sendeminuten in der Millionenmetropole an Elbe, Alster und Bille. Es gibt keinen Stadtteil, der nicht von Filmemachern als Kulisse dient. In seinem Buch „Drehort Hamburg" verrät Autor Matthias Röhe Kulissen vieler Serien und Filme. Wo ist das Revier 14 aus dem Großstadtrevier? Wo lösen die Pfefferkörner ihre Kriminalfälle? Wo jagen die Wächter von Hamburg den gemeinen Zanrelot? Wo steht das Kriminaltechnische Institut der Gerichtsmedizinerin? Der Autor gibt Basisangaben der Serien und Filme, beschreibt die Drehorte und zeigt eine Auswahl an Fotos. Hamburg zieht nicht nur Filmemacher in die Stadt, sondern die Hansestadt an der Elbe zeigt sich als idealer Medienstandort. Ein Streifzug durch die Medienlandschaft Hamburgs. Hamburg ist viel mehr als nur Schauplatz und Drehort. Zahlreiche Prominente aus Film und Fernsehen leben in der Hansestadt. Sie haben Hamburg zu ihrem Dreh- und Angelpunkt gemacht. Buch „Drehort Hamburg": Preis: 11,95 Euro. Zu bestellen unter www.FoTe-Press.de/produkte.

Hochglanzmagazin: Diagnose langlebig: „Der Landarzt"

Seit dem Jahr 2000 begleitet Matthias Röhe die Dreharbeiten am Set des Landarztes und kennt sich mit der Serie gut aus. Neben einem Landarzt-ABC mit Begriffserklärungen zur Serie werden aktuelle wie auch frühere Darsteller portraitiert. Von Christian Quadflieg über Walter Plathe bis hin zu Wayne Carpendale. Auch prominente Gastdarsteller finden im Magazin ihren Platz: Die Ministerpräsidenten Björn Engholm und Peter-Harry Carstensen beispielsweise. „Wir haben Fotomaterial von Uschi Glas, die 1986 die weibliche Hauptrolle besetzte und wegen ihrer Schwangerschaft die Dreharbeiten abbrechen musste. Etwa 60.000 D-Mark wurden damals in den Sand gesetzt", gibt Matthias Röhe einige Details preis. Einen weiteren Schwerpunkt bildet die Rubrik „Wo ist Deekelsen" mit vielen Geheimtipps über die Drehorte. Hunderte Touristen aus ganz Deutschland, Österreich und der Schweiz kommen nach Schleswig-Holstein, um sich die Drehorte im Original anzuschauen. Landarzt-Kreuzwort-Rätsel, ein Landarzt-Rezept – ideal zum Nachkochen, einen Überblick über die einzelnen Folgen, sowie die Rubrik „Gestorben in Deekelsen" – wer alles in den vergangenen Jahren verstorben ist – runden das Informationsmagazin ab. Auf vielen Seiten findet sich eine exklusive Foto-Visite mit einmaligen Szenenfotos. Für jeden Landarzt-Fan ist das neue Hochglanzmagazin (erschienen 01/2010) ein Muss! Das Magazin kann unter www.FoTe-Press.de/Deekelsen bestellt werden und kostet nur 3,99 Euro.

Jeden Montag gehen die Beamten des 14. Polizeireviers auf Streife und in der ARD auf Sendung. „Großstadtrevier" ist eine Vorabendserie, die seit dem Jahre 1986 mit großem Erfolg im deutschen Fernsehen läuft. Fast 300 gedrehte Folgen wurden bis 2009 in 23 Staffeln produziert. Im Jahr 2005 wurde die Serie mit der „Goldenen Kamera" als beste Kultserie ausgezeichnet. Die Handlungen lassen sich kurzum erzählen: Polizeialltag auf dem Hamburger „Kiez". Im Buch „Das 14. Revier" erzählt der Autor über die Drehorte, beschreibt die Charaktere der Figuren und stellt die Darsteller vor. Alle bis zum Jahr 2009 ausgestrahlten Folgen im Überblick, eine Auflistung prominenter Gastdarsteller, sowie eine umfangreiche Bilderstrecke runden den Inhalt ab. Zudem sind Interviews mit drei Hauptdarstellern in dem Buch veröffentlicht. Für Fans der Serie ein Muss! Das Buch ist eine ideale Ergänzung zu allen bisherigen veröffentlichten Büchern und Produkten dieser Serie. Viele Szenen- und Arbeitsfotos vom Set! Buch „Das 14. Revier", www.FoTe-Press.de/produkte

„Notruf Hafenkante" ist mit bis zu 4,9 Millionen Zuschauern eine der erfolgreichsten Fernsehserien im Vorabendprogramm des Deutschen Fernsehens. Dabei handelt es sich um eine Mischung aus Polizei-, Arzt- und Familienserie. Denn im Vordergrund stehen Geschichten aus dem Alltag der Hamburger Polizisten des Kommissariats 21 in der Speicherstadt, sowie den Ärzten aus dem Elbkrankenhaus. Spannende Geschichten an Hamburgs Hafenkante. Die Darsteller und ihre Rollen im Portrait, zwei Such-Rätsel mit Begriffen zur Serie, alle ausgestrahlten Folgen bis Januar 2010, Infos über Drehbuchautoren, Komparsen und Regisseure, viele Fotos! Ein ausführlicher Komparsenbericht und zahlreiche Fotos von den Dreharbeiten runden den Inhalt ab.

„Einsätze an Hamburgs Hafenkante", ISBN: 978-3-8391-3169-5.

Hamburg, die Stadt an Alster, Elbe und Bille ist einer der beliebtesten Wohnorte in ganz Deutschland. Mit seinem besonderen Charme, seinen vielen Grünflächen, seinen Gegensätzen zwischen lebendiger Innenstadt und dem ruhigen, dörflichen Rahlstedt oder Osdorf machen die Hansestadt für etwa 1,75 Millionen Menschen interessant. Als internationale Handels- und Hafenstadt steht Hamburg bis heute für Reichtum und Noblese. In der Hansestadt leben die meisten Millionäre (Einkommensmillionäre gemessen an der Einwohnerzahl in Hamburg nach einer Erhebung des Statistischen Bundesamts). Wo sich etwa 1,75 Millionen Menschen wohl fühlen, mischen sich auch viele prominente Persönlichkeiten unters Volk. Viele sorgen als TV-Moderator für gute Laune, verkünden als Sprecher Nachrichten, moderieren Radiosendungen, holen Titel in verschiedenen Sportarten nach Hamburg oder prägen als Architekten das Stadtbild Hamburgs. In einer Auswahl von 79 Kurzbiografien werden in dem Buch „Hamburg - hier lebten unsere Promis" interessante Persönlichkeiten vorgestellt, die in Hamburg und Umgebung ihre einstigen Wohn- und Wirkungsstätten hatten. Sie haben etwas für die Hansestadt Hamburg getan - direkt und indirekt - mit diesem Buch soll ihnen etwas postum zurückgegeben werden. Books on Demand, ISBN-13: 978-3-7347-4600-0, Preis: 9,99 Euro.